Ugo Riccarelli

Ein Mann,
der vielleicht Schulz hieß

Roman

Aus dem Italienischen übersetzt
von Sylvia Höfer

Verlag C. H. Beck

Titel der Originalausgabe:
Un uomo che forse si chiamava Schulz
© 1998 Edizioni Piemme
Zuerst erschienen 1998 bei Edizioni Piemme S.p.A.
in Casale Monferrato

Die Deutsche Bibliothek – CIP-Einheitsaufnahme

Riccarelli Ugo:
Ein Mann, der vielleicht Schulz hieß : Roman / Ugo Riccarelli.
Aus dem Ital. von Sylvia Höfer. – München : Beck, 1999
Einheitssacht.: Un uomo che forse si chiamava Schulz <dt.>
ISBN 3-406-45289-2

ISBN 3 406 45289 2

Für die deutsche Ausgabe:
© C.H. Beck'sche Verlagsbuchhandlung (Oscar Beck),
München 1999
Gesamtherstellung: Kösel, Kempten
Gedruckt auf säurefreiem, alterungsbeständigem Papier
(hergestellt aus chlorfrei gebleichtem Zellstoff)
Printed in Germany

Allen verletzten Menschen zugeeignet,
allen, deren Verlust an Blut
die wilde Gier der Räuber lockt.

Heute nacht habe ich von einem Wald geträumt. Nachts und im Dunkeln.

Ich recke die Arme zu den Zweigen empor und pflücke ein Messer ab, dann sehe ich nach unten und schneide mir mit einem raschen Schnitt das Ding ab. Ich fühle einen Schmerz.

Ich nehme es, bohre ein Loch in den Boden und vergrabe es.

Es scheint, als sei hier alles zu Ende, und dabei ist es erst der Anfang: Ich blicke um mich, zu den Tapeten, die den Anstoß zu meinen Gedanken geben, und werde mir der Ungeheuerlichkeit meines Tuns bewußt. Ich kann mir das nicht angetan haben. Dann schaue ich angstvoll nach unten, doch unten ist nichts. Meine Füße sind sehr gut sichtbar, meine kurzen, in die Erde gepflanzten Beine. Die Erde mit den huschenden Eidechsen und Ruskis Küchenschaben. Sonst nichts.

Sie sind eingeschlossen in ein Glasgefäß, sie sind wie eine Probe im Labor. Ein Fundstück. Diesen Behälter werde ich nur verlassen, um als Präparat für ein Mikroskop zu dienen.

Am Fenster gegenüber steht ein Junge, vielleicht ist es mein Neffe. Er blickt auf seine Rechte, den Kopf leicht nach oben gehoben. Er scheint in allem mein Neffe zu sein, aber der Blick, sage ich, dieser Blick ist mein Blick. Was für ein merkwürdiges Fenster: Hinter den Schultern des Jungen erkennt man in Umrissen die Häuser.

In den Armen hält er einen Hund; der Kopf des Hundes ist geneigt. Es scheint, als wolle er ihn schützen, und er streichelt ihn, aber der Blick, sage ich, der Blick dieses Hundes ist mein Blick.

Das ist der Traum. Welches aber ist mein Leben?

ERSTER TEIL

1

*Ich wurde geboren – Die Beschneidung – Erkundungen –
Das Haus ist ungeheuer groß – Der Laden meines Vaters –
Schreie und Gott – Das Theater des Handels – Die
Königin der Zeichenstifte – Ein unstillbarer Hunger –
Die nutzlose Zeichnung*

Ich wurde einst in einer wollwarmen Hitze geboren.

Zwischen Schreien und Schmerzen, in einer Nacht Mitte Juli. Dort draußen lag Drohobycz und wartete auf mich, fest und in die Mitte von Galizien gepflanzt, gleich unterhalb der Karpaten, die seit jeher über seine Häuser wachten.

Ich kam aus meiner Mutter hervor mit dem Widerwillen eines Menschen, der gezwungen wird, die Stille eines Refugiums zu verlassen, in dem ich neun Monate geträumt hatte.

Ich hatte mich in der Schnur verwickelt, die mich an mein Nest band: Mame Rosenzweig war es, die mich aus meinem Versteck zog und die Frauen um die Schere bat.

«Es hat sich in den Netzen verfangen, das Vögelchen, es kann nicht mehr fliegen», sagte sie lachend, und mit denselben Scherenklingen, mit denen mein Vater seine Stoffe entzweischnitt, gab sie mich mit zwei glatten Schnitten frei für die Welt.

Seltsame Begrüßung, kopfüber zwischen dem Lachen und den Klapsen der kräftigen Hebammenhände hängend. Seltsames Ritual, mit einem zu heißen Wasser gewaschen, das im Eimer schwappte und bereits von meinem Blut und dem meiner Mutter gerötet war. Ich war ein riesiger Kopf über einem Zwergenkörper und tappte im Dunkel umher, immer noch auf der Suche nach Luft, um meinen Protest hinauszuschreien.

Da ergriffen mich die Hände meines Vaters, des Kaufmanns Jakub, und hoben mich hoch wie zu einer Segnung, hoch über seinen Kopf, vor einer Menge von Gästen. Ein Knabe ist ein Wunder des Himmels, er ist dein Nachkomme, der auf eine weitere Zeitspanne Anspruch erhebt, ein neuer Händler, der an Galizien Stoffe und Tuchwaren verkauft.

In jenem Reigen von Willkommensgrüßen wurde ich wie bei einem Tanz dem Leben entgegengeworfen, und es kam mir beschwerlich vor: dieses Von-einer-Hand-zur-anderen-in-die-Luft-geworfen-Werden, diese plattgedrückten Gesichter über dem meinen und die lauten Stimmen, welche Glückwünsche für mich und Danksagungen an den Herrn wiederholten, gelobt sei sein Name und die Erinnerung. Und die Gerüche der Wände, der Teppiche und der Dinge, all jener Dinge, die sich wie ein Karussell um mich drehten.

Es heißt, ein Kind könne kurz nach seiner Geburt nicht viel sehen. Möglich. Ich aber sah mit einem Male, wie das Zimmer sich entfernte, die Gegenstände und die Menschen immer kleiner wurden, während sich der Tanz, zusammen mit den Gebeten, verdichtete, und ich sah die mit Arabesken verzierten Tapeten, die sich drehten, und die heißen, verschwitzten Hände meines Vaters, die mir auf den Hüften brannten, und hinter seinen Schultern sah ich einen großen Vogel, der sich taumelnd auf der Fensterbank niederließ und aus dem ins Dunkel geöffneten Fenster zu seinem Flug über Drohobycz ansetzte und lautlos abhob.

Es ist leichter, jetzt und von oben über die vergangene Zeit zu sprechen, über Dinge, Personen, Orte, die mir vertraut sind wie meine Haut, die ich jeden Tag meines Lebens, an den ich mich erinnere, geträumt und gesehen habe. Die Zeit hat einen merkwürdigen Geschmack und zwingt uns, die einzelnen Dinge zu katalogisieren, auf einen Wollfaden aufzureihen, die ja ebensogut auf dem Boden verstreut sein könnten, ohne einen genauen Sinn.

Jetzt, da ich erzähle, versuche ich also, die Tatsachen darzulegen, indem ich den Kopf hebe, den ich als Kind zum Boden gesenkt hatte, und mich auf dem Fliesenboden des Hauses voranzuschleppen in jenem Zimmer, das für mich lange Zeit Drohobycz bedeutete, noch bevor ich imstande war, mich auf den Füßen zu halten und das Laufen zu versuchen.

Nach meiner stürmischen Ankunft in der Welt schlief ich wahrscheinlich in einem zeitlosen Vorrecht ohne andere Schläge als die meines Herzens und dessen meiner Mutter.

Ich wurde mit dem Ritus des *berit mila* geweckt, der mich nach sieben sakrosankten Tagen erwartete. Was ich sah, war unscharf, aber deutlich drangen die Worte zu mir, die vom Mohel gebrüllt wurden, bevor er mich im Angesicht des Herrn reinigte.

«Du Gesegneter», schrie er mit spitzer Frauenstimme.

«Du Gesegneter, o Herr, unser Gott und König der Welt, der du die Frucht des Lebens geschaffen hast, der du aus dem Schoß seiner Mutter heraus diesen Knaben geheiligt hast, indem du ihm auf sein Fleisch jenes Merkmal aufdrücktest, das er an alle Generationen weitergeben wird; um dies zu ehren, o Herr des Lebens, du, der du Teil von uns und unser Schutz bist, bewahre die Nachkommenschaft vor allem Übel, dank dem Zeichen des Bundes, das du in unser Fleisch eingeprägt hast. Gesegnet seist du, o Herr, der du den Bund geschlossen hast.

Unser Gott und Gott unserer Väter, erhalte diesen Knaben seiner Mutter und seinem Vater unversehrt. Daß sich der Vater stets an seinem Sproß erfreuen und die Mutter die Frucht ihres Schoßes genießen möge, wie es geschrieben und gesagt steht: Ich ging über dich hinweg, und ich sah dich von deinem Blut umgeben und sagte zu deinem Blut: Du wirst leben.»

Danach, inmitten jener schrillen Töne, des schwachen Lichts der Kerzen und der Kälte, die mich in diesem schmerzerfüllten Juli trotz allem umgab, ließ der Zelebrant in meinen Mund einen Tropfen von einer Flüssigkeit fallen, so rot und so stark, daß sie mir den Atem nahm, und dann trennte er mit einer scharfen Klinge ein Stückchen Fleisch von meinem kleinen Glied und fügte so meinem unerfahrenen Körper die zweite Wunde meines Lebens zu.

«Der Herr lasse ihn gesund heranwachsen, nun, da er in den Bund eingetreten ist, damit er sich auf den Weg begeben kann zum Studium, zur Beachtung der Gebote, zur Ehe und zu einem langen arbeitsreichen und glücklichen Leben. So sei es, bitte!»

Dies war die Aufnahme in den Bund, und seit jenem Tag hieß ich Bruno.

Die Welt meiner frühen Kindheit bestand aus dem Fußboden des Zimmers, den ich aus der Position des Vierfüßlers genau erforschte. Dort lernte ich die Kratzer zu betrachten, die sich auf dem Boden abzeichneten; dabei folgte ich stundenlang aufmerksam den Schnörkeln der Muster des Fliesenbodens. Vor meinen Augen tat sich ein ganzes Universum auf: Essensreste, Krümel des ungesäuerten Brotes und Geronnenes, Tropfen von mir unbekannten Flüssigkeiten, Kartoffelschalen.

Ich lebte in einer mir eigenen Dimension. Meine Eltern befanden sich weiter oben, und von dort oben erreichten mich Stimmen und undeutliche Gespräche; um sie verstehen zu lernen, brauchte ich noch viel Zeit.

Vielleicht zwang mich mein großer Kopf, die Augen starr nach unten zu richten, und so verbrachte ich die Stunden mit dem Versuch, den Sinn jener Kratzer zu erfassen, fast so, als handele es sich um magische Straßen. Vielleicht ist mir aus diesem Grund jener Tag im Gedächtnis haften geblieben, als mein Vater aus der Schublade eine Karte von Drohobycz hervorzog, sie an die Wand hängte und mit dem Finger die Linien nachzog, eine Straße nach der anderen benannte und ein wahres Gebet von Namen aufsagte:

«Siehst du», sagte er, «das ist die Stadt, das sind die Berge, und das ist der Fluß. Hier ist die Lesniańska-Gasse, und das ist der Leboska-Platz», und mit klarer, gleichtönender Stimme bewegte er sich über die Plätze und Kreuzungen weiter. Dieses Ritual wiederholte sich jeden Tag und wurde ein Spiel, das mir die Nächte versüßte. Noch hatte ich die Nase nicht in die Welt hinausgestreckt, und schon hatte ich Drohobycz im Kopf, so gezeichnet und ausgemalt wie jene farbige Karte. Und wie es Kinder tun, die von ihrem Vater lernen, begann ich von da an, den Linien auf dem Boden so zu folgen, als seien sie Straßen und Häuser, und in meiner Welt von unten erkundete ich eine unglaubliche Menge von Städten, die ich in meiner Kindersprache benannte: Wotrlz, Abufkir, Wrothalz, Hrtcersiyj.

Auf den Fußböden lernte ich zum ersten Mal den Lauf der Dinge kennen, indem ich die Schuhe beobachtete, die mir Hinweise auf andere, ferne Universen gaben. Unter dem Eßtisch ragten sie fast so aus dem Fußboden empor, wie gigantische tropische Pflanzen und erzählten jedes Mal etwas anderes. Die Pantoffeln meiner Mutter waren aus einem schmutzigen, buntkarierten Stoff. Sie hatten einen dunklen, verfärbten Rand und waren vorn angenagt – vielleicht von seltsamen Insekten, vielleicht von irgendeinem bösartigen Wesen. Mein Vater dagegen trug schwere Schuhe, von denen ich die Jahreszeiten ablas. Der gelbe Staub war der Sommer Galiziens, der selbst das schwarze Leder hell färbte, nach Schwefel roch und einem die Kehle zuschnürte; der weiße Schnee auf den Schuhen war schmutzig, er enthielt winzige Erd- und Kohleklümpchen, die ins Herz schnitten und traurig stimmten. Es dauerte nur wenige Minuten, bis er Tropfen bildete. Der dunkle Morast war der Herbst von Drohobycz, der in der Ecke beim Ofen rasch trocknete und klebrig und dick wurde wie Blut.

Eines Tages fiel aus der Welt von oben ein Tropfen jener roten Flüssigkeit herab, die mein Vater «Blut» nannte. Er prallte auf den Boden und zerbarst; mit meinem Forscherblick beobachtete ich, wie er zersprang. Im Gegensatz zum Wasser verschwand er nicht nach einem Atemzug. Er trocknete und wurde hart wie der Straßenkot.

Das Haus war ungeheuer groß.

Die Familie, die das Haus bewohnte, vernachlässigte manchmal einige Zimmer so wie ein auf einem Regal vergessenes Buch. Ich betrat viele dieser Räume und sah die Ecken, in denen der gewichtlose Schimmel des Vergessens gewachsen war, Nahrung für die häuslichen Insekten, die dort lebten.

Diese Zimmer schienen ein eigenes Leben zu haben,

dasselbe Licht, das die Dinge einer verlorenen Zeit haben, überzogen von einem an die Wände geklebten Schleier, auf immer verkrustet. Die farbenfrohen Tapeten, die sie bedeckten, waren für mich das Filigran einer geheimnisvollen und zauberhaften Welt: An den Wänden faulten Triebe aus Baumgruppen, die von Salamandern erklommen wurden. Ab und zu öffneten sie ihre Blüten, verloren binnen weniger Tage die Blätter und ließen auf dem Boden ihr Leben, um allmählich zu verfaulen.

Ich entdeckte auch die Treppe, die nach unten führte, und eines Tages näherte ich mich ihr, dank meiner unbequemen Position als unerfahrener Vierfüßler, von Angst erfüllt. Endlich gelang mir, wenn auch nur mühsam, der Abstieg, indem ich mich von der Schwerkraft locken ließ, die mich nach unten zog.

Ich gelangte zu einer Tür und betrat den ersten Raum, wobei ich die Augen leicht zusammenkniff, um in das Halbdunkel einzudringen, das alles einhüllte. Das untere Stockwerk war genauso wie das, aus dem ich gekommen war, genauso eingerichtet, genauso tapeziert und die Zimmer genauso angeordnet. Dennoch schien etwas anders zu sein, wie manchmal auch die uns vertrauten Dinge im Traum anders erscheinen. Ich musterte jedes Zimmer und hielt inne, um die Maserungen der Möbel, die Furchen jenes alten Holzes zu bewundern, an dem irgend etwas Geheimnisvolles jeden Fehler glattgehobelt zu haben schien. Ich streckte die Hand aus, um das Leder zu streicheln, aber es brach auf und zerbröselte, als hätten meine Finger versucht, einen schmächtigen, salzverkrusteten Sandturm zu umschließen.

Da sah ich die Insekten, die Tierchen, die aus den Beinen der Tische und aus den Holzverbindungen hervorzukommen schienen und ordentlich, wie Soldaten eines disziplinierten Heeres, ohne Unterlaß von einem unbekannten Ort kamen und sich dorthin bewegten.

Ich begann ihrem Lauf zu folgen, indem ich die unbeweglichen Räume durchquerte, die das Haus trugen. So kam ich ans Ende, und dort sah ich sie in langen, geordneten Spiralen zu einem kleinen Trichter emporklettern: Geduldig überwanden sie tausend kleine Senken, mit winzigen Schritten erklommen sie die Spitze, auf der sie das unsichtbare, gestohlene Stückchen Holz ablegten, das Mark der Möbel und der Türen, die mikroskopischen Härchen der Tapeten, die Substanz des Hauses, dessen Seele sie langsam zernagten.

Aber Drohobycz erwartete mich, sobald sich die massive Tür öffnete, die auf die Floriańska-Gasse führte, wo ein ständiges Durcheinander von Fahrzeugen, Menschen und Tieren herrschte.

Ich konnte mich noch nicht auf den Beinen halten, als mein Vater mich eines Morgens, nachdem er sich den dunklen Bart gekämmt hatte, vom Boden hochhob und nur: «Komm» sagte. Es war das erste Mal, daß ich jene Welt sah. Ich erinnere mich an den Geruch dieses Mannes, der mich im Arm hielt, meinen Kopf nahe seiner Wange, die Haare des langen Bartes, in dem ich mich zu verstecken suchte, ich erinnere mich an die Leute, die uns grüßten, ich erinnere mich an eine Kutsche mit Pferd und dann an eine Reihe bunter Schilder. Wir gelangten vor etwas, was wichtig sein mußte, denn er blieb einen Augenblick stehen, trat zwei Schritte zurück, als wolle er besser sehen, und während er mir ein Schaufenster zeigte, das von zimtfarbenem Holz eingerahmt war, sagte er mit klarer und fester Stimme: «Das ist der Laden.»

Wir betraten eine finstere Höhle, ausgekleidet mit riesigen Wandgestellen, die bis zur Decke reichten, ein

Himmel, der mir so alt und zerkratzt vorkam wie mein Fußboden. Ich sah Ladentische und auf diesen Tischen stapelweise Schachteln und Stoffballen, farbige Muster von Wollstoffen, die an den Wänden emporklommen und wieder herabkletterten. Das Licht war schwach, obwohl die Sonne durch die Fenster drang. Aber es war eine kraftlose Sonne, die beim Eintritt in jenen Raum jede Lust zu leben und zu strahlen verloren und sich dem Wollgeruch, der ihr die Kehle zuschnürte, ergeben zu haben schien.

Die Verkäufer begrüßten den unerwarteten Gast und bemühten sich, mir das Wesen jener Welt zu erschließen, sie ergriffen meine Hand und strichen sie über die Tücher, sie ließen mich die verschiedenen Arten von Geweben fühlen und erklärten mir die Unterschiede, sie redeten und zitierten unbekannte Namen von Stoffen und Städten. Aber was mich in diesem ganzen neuen Wirbel von Stimmen und Gegenständen am meisten verlockte, war das Buch, das große Buch, das auf dem Ladentisch lag, voller merkwürdiger Zeichen und darüber befestigten Stoffmustern. Ich ließ mich auf den Tisch setzen, um es zu berühren, ich erkannte mit dem Finger die geschriebenen Zeilen, und zum ersten Mal gelang mir ein wirklich glückliches Lächeln. Darauf richtete sich mein erstes und eindeutiges Sehnen, auf ein rätselhaftes Buch, in das man die Magie der Worte zeichnen konnte. Die Menge rundum sagte lustige Dinge und wandte sich damit an meinen Vater, der sich zufrieden über den Bart strich und nur einen, für seine Verhältnisse feierlichen Satz sprach:

«Mein Sohn hat das Zeug zum Buchhalter.»

In jener ersten Zeit meines Lebens, die ich jetzt, da alles schon gewesen ist, vor mir auf einer reinen Wolke ausgebreitet sehe, wurde ich außer in das Geschäft noch an einen anderen Ort geführt, den ich lange nicht identifizieren konnte, weil ich ihn ausgerechnet mit dem Laden meines Vaters verwechselte.

Als ob ich in die Welt getragen würde, hob er mich eines Morgens hoch und sagte zum zweiten Mal: «Komm».

Ich dachte an einen erneuten Besuch im Laden, und vielleicht war es auch das, was zu Irrtümern führen mußte, doch statt dessen gingen wir in die entgegengesetzte Richtung. Wir befanden uns vor einer anderen Tür, aber beim Eintreten war die Wirkung dieselbe: Diese finstere und bedrückende Atmosphäre kannte ich gut, den Geruch der Stoffe, die von den kleinen, bunten Fenstern abgeblendete Sonne, die Tücher an den Wänden und auch die Bänke. Dennoch kam mir das Dach höher vor, gedämpft von dem matten Licht vieler mehrarmiger Kandelaber. Plötzlich sah ich auch an diesem Ort das Buch, und kaum war mein Vater in seiner Nähe angelangt, tat ich einen Satz, um mich dorthin zu stürzen und die Seiten, nach denen ich gierte, durchzublättern. Ich suchte nach den flatternden Zeichen, ich suchte nach meinen farbigen Fleckchen, vielleicht suchte ich nach meiner Wahrheit.

Doch statt dessen erhob sich ein Schrei, ein hoher Klagelaut wie der eines Verwundeten, der sich gegen mich und auch gegen die Unbesonnenheit meines Vaters zu richten schien. Er traf wie ein Peitschenhieb auf meinen schweren Kopf, der sich von da an noch ein wenig tiefer senkte, und jedes Mal, wenn ich die Chederschule und, später, die Synagoge betrat, erschütterte Rebbe Kowalskis Schrei noch einmal mein Inneres. Mein Vater, und vielleicht auch der Rabbiner, machten mir keinen Vorwurf. Es war nur die blasphemische Bewegung eines neugierigen Kindes, eine unterhaltsame Geschichte, die man mit leiser Stimme den Eltern erzählte und dabei das Lachen des mit Keksen gefüllten Mundes unterdrückte. Ich war es, der sich die Hände verbrannte, im Angesicht jenes Gottes, der Schreie gegen mich ausstieß.

In den folgenden Monaten erforschte ich lange den Laden, wo die Geographie eines anderen Fußbodens zu entziffern war.

Hier gab es Fäden und Bänder, bunte Baumwollfleckchen, Knäuel fein gesponnener Wolle und Federn. An diesem Ort, den viele frequentierten, stellte sich die Welt interessant dar.

Von meinem niedrigen Beobachtungspunkt aus hatte ich auch Gelegenheit, die unterschiedlichsten Schuhe zu bewundern: Von den schweren Stiefeln der Maurer zu den spitzen des Briefträgers, von den leichten Sandalen der Damen zu den bequemen Pantoffeln der Verkäufer, und jeder Schuh hinterließ auf dem Boden ein Stück seiner Geschichte.

Auf meine Weise war ich glücklich. Mittlerweile hatte ich gelernt, meinen Oberkörper aufrecht zu halten, und wenn ich auf dem Boden saß, lehnte ich mich an die Wand und blickte nach oben. Inmitten der Wollstoffstapel schaute der Kopf meines Vaters hervor, spielte zwischen einem Tisch und einem anderen Verstecken, während er ernst und wehmütig das geheimnisvolle Ritual des Verkaufens zelebrierte.

Verzückt betrachtete ich die Bewegungen seines anmutigen Tanzes: Er ließ die Hände kreisen, rollte die Worte zusammen, riß die Augen auf und schloß sie, um ein Preisangebot anzunehmen oder abzulehnen. Er präsentierte die Ware, rollte sie mit einer raschen Handbewegung ab, türmte sie um sich herum auf wie riesige Blumen, die zur Decke aufstiegen. Dann genügte eine

Geste, ein einfacher durch die Zähne gezischter Name: Tadeusz oder László, die Verkäufer. Und diese liefen herbei, um die Stengel abzuschneiden, den sturmbewegten Ozean zu glätten, der den Ladentisch aufwühlte, und nachdem sich der Horizont beruhigt hatte, erschienen neue Farben vor meinem Vater und seinem Kunden.

Wenn die Auswahl beendet war, konnte er das Geschäft abschließen, den Kunden mit allen Zeremonien, die das Ritual vorsah, zum Ausgang begleiten.

Dann kam er wieder zurück, sammelte sich einen Augenblick, um Gott mit geneigtem Haupt für jenes neue Stück Brot zu danken, und beendete sogleich das Aufräumen, indem er den Handelsgehilfen gegenüber die beim Verkauf angewandten Finessen mit lauter Stimme kommentierte. Danach registrierte er im Buch die Einnahme und belegte sie auf der Seite gegenüber mit einem Stückchen des verkauften Stoffes, und am Ende klappte er es sorgsam, aber doch mit einer resoluten Geste, wieder zu.

So schloß sich der Vorhang im Theater des Handels.

Der Zauber jenes Ladens ging auch von den Besuchen der Tiere aus: Während mein Vater und die Verkäufer den Kunden die Waren erklärten, lugte hinter einem Stapel von Mustern ein Kormoran hervor, blickte bald den Verkäufer, bald den Kunden an und kauerte sich dann auf einem Schrank nieder. Es gab ganze Kolonnen farbenprächtiger Insekten, rosafarbene Schnecken oder Marienkäfer, die im Gänsemarsch die Tischkante hinaufkletterten, sich zwischen den Stoffwulsten oder unter den Papieren versteckten. Einmal entdeckte ich auch ein Hirschkalb, das den Kopf vorsichtig zur Tür hereinstreckte und dann einen Augenblick lang lauschte. Selbst Vögel der unterschiedlichsten Arten verkehrten dort, auch die seltsamsten, mit bunten Flügeln und langen Schnäbeln, von der Art der Zugvögel des Ostens. Manchmal war der Laden voll davon; sie flogen überall pausenlos umher, machten großen Lärm und verstreuten ihre Federn, ohne daß mein Vater oder andere Leute sich darüber beschwerten.

All das bereitete mir viel Freude und war für mich ein gelungener Zeitvertreib, bis eines Tages Tadeusz einen Schrank verrückte, um etwas Platz zu schaffen. Das Möbel deckte eine kleine Tür zu, und aus dieser schwarzen Öffnung trat sogleich ein Tier, ein Rentier mit langen grauen Hörnern. Es blickte argwöhnisch um sich, sein Blick war blank und sein Atem schwer. Dann ging es langsam auf mich zu, hielt einen Augenblick inne, um mich zu betrachten, und ich sah seine Wunde, einen glatten Schnitt am Hals, aus dem das rote Wasser tröpfelte, von dem ich gehört hatte, daß man es Blut nannte.

Ich glaubte, jene Wunde zu verstehen, doch seinen Blick zu begreifen gelang mir nicht – einen Blick aus starren Pupillen, in denen sich mein Gesicht spiegelte.

Von meinen ersten häuslichen Erkundungen ist mir wenig anderes im Gedächtnis geblieben, wenige klare Erinnerungen, weniges, an das ich mich ohne irgendeinen Zweifel entsinnen könnte.

Ein unklares Bild von zwei Sandalen aus Leder, geflochten wie Weidenkörbe. Ich beobachtete sie aufmerksam und ließ dann den Blick an den beiden zarten Mädchenbeinen hinaufwandern, die meine Schwester trugen.

«Gefallen dir meine Füße?» fragte sie und hob einen Schuh hoch.

«Komm her und küsse den Fuß deiner Königin», befahl sie.

Ich verstand nicht, welche Königin und was meine Pflicht rechtfertigte, dennoch fiel es mir nicht schwer, ihm die Lippen anzunähern.

«Brav! Du bist ein gehorsamer Untertan, und ich werde es dir vergelten», und damit reichte sie mir eine Schachtel.

Es war eine Schachtel voller bunter Stifte, die die Macht besaßen, das, was meine Hand diktierte, in Zeichen umzusetzen. In jenem Augenblick fühlte ich mich wie ein Herrscher.

Und meine Schwester wie meine Königin.

Und so kam es, daß ich, noch bevor ich sprechen konnte, zeichnen lernte. Ich verbrachte meine Tage damit, die Linien nachzuahmen, die ich auf den Fußböden des Hauses kennengelernt hatte. Ich betrachtete die Arabesken der Tapeten und zeichnete sie ab. Die Begeisterung für eine solche Tätigkeit ergriff mich unmittelbar wie eine starke Kraft, von der jeder Millimeter meines Fleisches erfaßt wurde; ich zwang dem Blatt meinen Willen auf und tat ihm Gewalt an. In einem endlosen Ringelreihen legte ich mich abends müde schlafen, erschöpft von diesen neuen Forschungen, und bemächtigte mich im Traum wieder der Linien, die ich während der Wachzeit gezeichnet hatte. Ich war bereit, meine Aktivitäten fortzusetzen, sobald sich meine Augen wieder für den Tag öffneten.

Damals begriff ich, daß die Welt nicht auf ein Blatt Papier gebannt werden kann und daß die Dinge, wie sehr man auch kämpfen mag, ganz genaue Grenzen und Maße haben. Bei diesen wiederholten Versuchen lernte ich unter Schmerzen den Verlust meiner Allmacht kennen.

Aber in meinem Hunger nach Papier, das ich in einem fort verschlang, war ich unersättlich. Danuta, das Dienstmädchen, war damals die Brust, die mich nährte: Sie war imstande, jedes Papierschnitzelchen aufzusparen, jedes Einwickelpapier von den Einkäufen zu retten, es vor Fett und Schmutz zu bewahren und so meinen Heißhunger zu stillen. Sie besorgte mir Zeitungen und alte Zeitschriften, abgelegte Hefte, die sie auf dem Dachboden fand, und tat, als handele es sich bei ihren Entdeckungen um Goldadern in alten, aufgelassenen Bergwerken.

Eines Tages aber erkrankte Danuta an einem sehr hohen Fieber, das sie zur Bettruhe zwang, und alle Familienangehörigen versammelten sich besorgt um ihr Bett. Sie kamen und gingen aus dem Zimmer der Kranken, eskortierten Ärzte und Besucher zum Bett der Patientin und vergaßen mich darüber. Die Krankheit, die sie zur Unbeweglichkeit gezwungen hatte, hatte die großzügige Brust ausgetrocknet, die mich mit meiner wichtigsten Nahrung versorgte.

Ich durchlebte meine schlimmsten Tage, beklagte mich in meiner unverständlichen Sprache und schüttelte verzweifelt die Leichen jener Blätter hin und her, auf denen ich bereits Striche über Striche gezeichnet hatte, und so beschwerte ich mich unter Schmerzen über die offensichtliche Brüchigkeit jener Stützen, die mich allmählich meiner Chance zu leben beraubte.

Ich war von Gleichgültigkeit umgeben und aus dem Mittelpunkt des Interesses, den nunmehr das Zimmer meiner verdorrten Brust darstellte, an den Rand verbannt worden. Ich war zum Sterben verurteilt.

Da schrie ich, brachte den verzweifelten Schrei eines Hungernden hervor und stieß eine Bitte um Hilfe aus. Ich weiß nicht, ob es jener Schrei, ob es die der Stimme innewohnende Magie war, die meinen Bruder zurückrief, oder ob dies aus demselben Grunde geschehen wäre, aus dem die Dinge geschehen, ohne uns irgendeiner Begründung zu würdigen. Doch als meine Stimme erstarb, sah ich jenen mir bis dahin Unbekannten, der mir, nach Hause zurückgekehrt, um die Kranke zu besuchen, die Hände entgegenstreckte, die Arme voller Papier, beladen mit Stößen von Blättern, die er mir zum Geschenk machte.

Wahrscheinlich aufgrund dieser Unersättlichkeit oder vielleicht wegen der bedingungslosen Liebe der Kinder zur Übertreibung zeichnete ich eines Tages den Platz von Drohobycz. Inzwischen stolzer Herrscher über meine Zeichenstifte, wurde ich von den zauberhaften, auf dem offenen Platz aufgestapelten Behältern angezogen. Von der Ladentür meines Vaters aus sah ich die Anstreicher die Gefäße übereinandertürmen, aus denen sie die Farbe entnahmen, mit der sie die Mauern des Rathauses anläßlich des Jubiläums des Kaiserreiches neu tünchten.

Es gab keinen vorherbestimmten Plan, so, wie man nicht selbst darüber entscheiden kann, ob der Regen fällt oder der Wind unterwegs die Blätter von den Bäumen trennt. Jedenfalls fand ich mich wieder mit jenen Farben vor mir und mit den Pinseln, die man zurückgelassen hatte, damit sie an der Luft trockneten.

Aus meiner schmächtigen Höhe sah ich die Farben und den Platz und Drohobycz, das vor mir lag und das ich im Kopf hatte, wie die Linien der Karten meines Vaters photographisch festgehalten

So beugte ich mich, wenn auch nur während der kurzen Zeit, die meine Familie brauchte, um mein Verschwinden zu bemerken, über das Pflaster und begann es mit Farbe zu füllen, indem ich die Kratzer und die Zeichen nachzog, die ich so gut kannte. Schließlich konnte ich, in der Farbe versunken, eine tiefe Freude darüber empfinden, daß ich meine Striche ohne die Grenzen des Blattes und jenes Materials zeichnen konnte, das sonst zerriß.

Gerade hob ich den Kopf, um Atem zu schöpfen, als ich meinen Vater gegenüber, im oberen Stockwerk des Ladens, sah, wohin er zurückgekehrt war, um mich zu suchen. Dort oben stand er regungslos und starrte auf den Platz, wo sein Sohn mit Präzision die Linien und die Vierecke wiedergegeben hatte, die die Topographie der Stadt beschrieben, seine Bewohner gezeichnet hatte, die Tiere des Ladens, mit seinen Stoffen und seinen Kunden, selbst das Porträt Jakubs höchstpersönlich, rittlings auf den großen Störchen der Kamine sitzend, und Rebbe Kowalski, über das Buch gebeugt, und das ganze Herz von Drohobycz, das in den auf diesen Platz zusammengedrängten Farben pochte.

Aus seinem offenen Mund drang nur ein dumpfes Murmeln, ein Wort, das ich nicht verstand, von den Lippen meines Vaters gebrummelt wie der Singsang seiner Gebete.

«Ein Genie», sagte die zitternde Stimme, während vom Himmel der Regen herabzufallen begann und langsam jene nutzlose Zeichnung auslöschte.

2

*Drohobycz schlief – Die Ankunft des Glücklichen
Zeitalters – Erwartung und Wandel –
Besuche zu Hause – Das Glückliche Zeitalter ist zu Ende*

Drohobycz schlief. In der Ebene liegend, setzte es seinen Schlaf fort, der ewig schien. Es schliefen seine Häuser mit den in den warmen Frühsommertagen offen stehenden Fenstern, und mit ihnen ihre Bewohner, die jeden Tag Schritt für Schritt dieselbe Strecke zurücklegten und die Zeit in ihrer Unbeweglichkeit im Kreise drehten. Unbeweglich war die Zukunft. Wir richteten stets dieselben Worte aneinander, dieselben höflichen Grüße bei jeder Begegnung auf unserem Weg, Guten Tag, Herr Steiner, grüßen Sie mir Ihren Sohn, ein leichtes Tippen an den Hut, ein etwas länger währender Blick, um einer vorübergehenden Besorgnis Nachdruck zu verleihen.

Das Leben von Drohobycz wurde von der majestätischen Präsenz des Kaisers in Wien beherrscht, dem leichten, undurchdringlichen Schleier des königlichen Geheimnisses, das wie der Mythos eines unvermeidlichen Demiurgen seit Generationen weitergereicht wurde. Auf dem Leboska-Platz befand sich die Bildsäule, das strenge, wohlbekannte Bildnis des transzendenten Herrschers, der wie ein wundertätiger Heiliger Respekt und Vertrautheit ausstrahlte. Die Bildsäule fand ihre Entsprechung in den Häusern, in unserem Haus, wo die

Familie rechts von der Eingangstür den göttlichen Schutz der heiligen Mesusa zusammen mit dem strengen Bild des irdischen Herrschers aufhängte.

So verrichtete mein Vater beim Sabbatmahl das Gebet und stimmte den Kiddusch an und heiligte den Wein, den Tag und die Macht in einem verständlichen Durcheinander von Zuschreibungen. Gesegnet war jedenfalls der Herr, der Schöpfer, der der Frucht des Weinstocks das Leben geschenkt hatte. Gewiß war er es, der das Universum geschaffen hatte, das ich zwischen den Wänden jenes Hauses sah, auch die Linien und Kratzspuren und die Arabesken der Tapeten, die sie bedeckten. Und auch Drohobycz, das außerhalb des Fensters atmete. Und die Gebote, mit denen wir die Tage heiligten, und den Sabbat, an dem mein Vater sich in sein Zimmer einschloß, um im Buch zu lesen. Und gesegnet war der Herr der Gesetze und der Spitzfindigkeiten, derjenige, der unsere Bewegungen und unsere Sammlungen regelte. Der Normengeber der Fanfaren, der Erfinder der Kaiserlichen Lotterie. Derjenige, der über die regulären Steuern verfügte, die Prozentsätze, die der Kaufmann berechnete, indem er sie dem Hauptbuch entnahm, vermerkt auf Papierstreifen, die so lang waren wie die Fransen des Gebetsschals. Er war es, der über das nächtliche Licht bestimmte, den gelben Streifen Helligkeit, der dem Platz in den Winternächten Konturen gab und, vielleicht auf dieselbe Art und Weise, die erstickende Augustsonne anzündete, die ihn menschenleer machte und die Schritte so klebrig werden ließ wie in den Träumen.

«Sei also gesegnet», rezitierte mein Vater, zur Decke des Eßzimmers gewandt. Aus den heiligen Bildern stachen scharfe Augen hervor, Nadelspitzen, die den Beobachter durchdrangen. Dort wachte sein Antlitz, bewehrt mit einem gewaltigen weißen Backenbart, der nichts

Menschliches hatte und höchstens die Erinnerung an jene alten orientalischen Dämonen weckte, deren Gesichter von äußerster Bitterkeit beschattet werden.

Dies war Drohobycz, die Bühne eines kleinen, ruhigen Theaters, wo man mit schläfrigen Bewegungen einen Zeitlupentraum wiederholte, dem regelmäßig das Ende fehlte. Ich wußte, wie sich auf der Floriańska das tägliche Schauspiel wiederholte, und sah aus dem Fenster meines Zimmers zu: Aus der Tür neben Włodarskis Geschäft würde Adela, das Dienstmädchen der Poliewiczens, treten, elf kurze Schläge der Glocke würden die Tauben vom Turm veranlassen, zu einem gleichförmigen Flug aufzustieben. Und dann würde Adela am Eiswagen vorübergehen, ohne Eile an der Biegung des Platzes eintreffen, vor der Drogerie stehenbleiben, und Stankowski würde herunterkommen: «Zwei schöne Stangen Eis für die schönste Drogistin der Welt» würde er ins Geschäft hineinrufen und hinter den Rädern einen langen, schwarzen Haken hochheben, zwei Stücke vereisten Flusses aufspießen und sich über die rechte Schulter legen, über das Damhirschleder, das sich mit der Majestät eines kaiserlichen Mantels über seinen Rücken breitete.

Drohobycz schlief, zu Füßen der Karpaten, zusammen mit der Zeit, die uns gegeben war.

Plötzlich weckten uns Geräusche, wie von einer Nadel, die über eine marmorne Straße gezogen wird, und vertrieben den Bewohnern den Schlaf. Es war ein kalter Morgen im Januar, in dem Monat, in dem alles endet und wieder beginnt.

Ein ununterbrochener Zug imposanter Maschinen, die Stahl mit Aluminium und buntes Holz mit dem Gußeisen der Gittermasten vermischten, blockierte die Straße.

Stücke zerlegter Kanonen, Schlünde durchlöcherter Haubitzen, die auf nicht enden wollenden Anhängern lagen, um sich auszuruhen.

Angehängt an den Zug jener Fuhrwerke schienen sich einige Tiere wie nach einer langen Reise auszuruhen; müde Rinder und Ackergäule mit Beinen dick wie Säulen und sogar haarige Säugetiere, wie man sie in diesen Gegenden nie vorbeidefilieren sah, Geheimwaffen fremder Heere oder, noch wahrscheinlicher, exotische Zirkusrelikte: Rentiere, Hammel, Büffel oder vielleicht afrikanische Gnus. Neben den Tieren Männer in Uniform und mit Hut, schwarzen, eleganten Uniformen mit breiten Brusteinsätzen, mit Knopfreihen, die wie Patronengurte angeordnet waren.

«Die Preußen sind da», stöhnte mein Vater. «Sie haben uns überfallen, dieses Eroberervolk, sie haben das Herrschen im Herzen und fordern Schlachten», sagte er zu uns, seinen Angehörigen, in dem Bewußtsein, daß die Schicksale vom Blut gezeichnet werden.

Wir sahen uns schweigend an, ohne allzuviel zu begreifen, wir, die wir noch Kinder waren und nichts wußten von der Schändlichkeit, die mit der Notwendigkeit von Gewalt, mit der Eroberung verbunden ist. Meine aus dem Schlaf gerissene Mutter drückte mich einen Augenblick lang atemlos an sich, um ihre schützenden Fittiche auszubreiten.

So spielte sich die Szene mehr oder weniger in jeder Familie in der Umgebung ab: Die Witwickis hatten sich am Fenster uns gegenüber versammelt, die Rosenbergs, die über ihnen wohnten, und dann die Pleśniewskis und die Jachimowiczens und die Zagladóws. Nur Witold Włodarski war auf die Straße getreten und ging, noch im Nachtgewand, zwischen diesen Karren hin und her und betrachtete die Geräte aus der Nähe. Wir beobachteten mit Hochachtung den Mut jenes halbbekleideten Mannes, der sich aufgemacht hatte, mit dem eindringenden Feind zu verhandeln. Włodarski, der unsere Besorgnis nicht teilte, drehte sich zwischen den riesigen Fahrzeugen und betrachtete aufmerksam die Eisenblöcke und die seltsamen Apparate: Er näherte die Augen dem Metall und trat dann zurück, die Hände hinter dem Rücken verschränkt, und bewunderte die ganze Großartigkeit wie jemand, der in einer Kunstgalerie ein Bild aus gebührender Entfernung betrachtet.

Wir versuchten, nur in Gedanken zu ihm zu gelangen, innerlich fürchtend, durch irgendein Geräusch den Zorn jenes kriegerischen Volkes zu wecken.

Und groß war unsere Bestürzung, als wir sahen, wie der Drogist auf einen der Männer in Uniform zuging, vor ihm stehenblieb, eine leichte Verbeugung machte, wobei er die Hände hinter dem Rücken verschränkt hielt, in derselben alltäglichen Pose wie vor der Tür seines Ladens. Wir sahen ihn sprechen, wir sahen den Soldaten antworten, indem er die Arme in weiten Gesten öffnete und bald auf das Fahrzeug, bald in die Ferne deutete. Włodarski fragte, antwortete, nickte, wippte auf den Zehenspitzen, hörte zu und sprach wie in einem Stummfilm. Nach einigen Minuten verbeugte er sich vor dem Mann und näherte seine Nase den großen vergoldeten Knöpfen jener ungewöhnlichen Uniform, spiegelte sich in dem konvexen Messing wie in seinem allmorgendlichen Spiegel, dann strich er sich mit den offenen Handflächen über die Haare, um sich gutgelaunt zurechtzumachen. Daraufhin richtete er sich wieder auf und ging bis zur Mitte der Straße, um dort mit lauter Stimme, das Gesicht zu den Fenstern hinauf gewandt, von denen aus wir die Zukunft betrachteten, folgende Mitteilung zu machen:

«Mitbürger!» sagte der Drogist zum Himmel über Drohobycz, «dies, was ihr auf den Fahrzeugen in seine Bestandteile zerlegt seht, ist der Fortschritt, das, was ihr jetzt argwöhnisch und ängstlich beäugt, ist die Zukunft unserer Stadt, in den Farben Schwarz und Gold. Die Flechtwerke aus Metall, die ihr seht, sind keine mächtigen Zerstörungswaffen, sondern das stählerne Zeichen des Genies des Menschen und seiner unendlichen Weisheit. Freunde! Dies sind die Pumpen, die Gittermasten und die Trichter, dies sind die Schlüssel, die Leitungen und die Rohre unseres Wohlstands. Die tüchtigen Männer, die sie transportieren, sind keine feindlichen Soldaten, die über uns herfallen, sondern die Ingenieure unseres Morgen, die Förderer unserer Zukunft, die Hebammen dieses neuen Jahrhunderts, die mit diesen Baggern die Erde aufschürfen, sie mit Dynamit zähmen, mit den Bohrern durchlöchern und aus den Tiefen des Bodens unseren Reichtum heraufsaugen werden. Mitbürger! In Drohobycz ist die Zukunft gelandet! Freunde! In Drohobycz zieht endlich die neue Zeit ein! Männer und Frauen Galiziens! In Drohobycz ist das Erdöl eingetroffen!»

Włodarskis Bekanntmachung erschütterte die Luft wie ein Trompetenstoß. In dieser Formulierung, mit wohlbedachten Pausen zwischen einem Satz und dem anderen, eingehüllt in das Staunen und die Angst jenes ungewöhnlichen Morgens, verlangte sie uns allen die gewaltige Anstrengung ab einzusehen, daß dies alles sofort geschehen würde. Die endgültige Apotheose, die die Intonation der letzten Worte des mutigen Drogisten sicherlich verdiente, rief allerdings keinen Jubel, ja nicht einmal Applaus für die Chance hervor, die das Schicksal für uns bereithielt. Vielmehr herrschte Skepsis oder jedenfalls Angst vor der Veränderung, die eine solche Nachricht für die Ruhe von Drohobycz bedeuten mochte. Deshalb verloren sich Włodarskis letzte Worte traurig in der Luft, begleitet von manch beklommenem Hüsteln.

Greifbar war die Enttäuschung des Redners, dem schon recht bald das triumphierende Lächeln verging, mit dem er seine Rede beendet hatte. Und dann, als er vielleicht die Unwahrscheinlichkeit seines Traums vom Tribun begriff, wenn auch nur wegen des lächerlichen Zuschnitts seiner Tunika, bei der es sich vorläufig immer noch um ein Nachthemd handelte, stieg er nachdenklich die Treppen seines Hauses hinauf und grübelte über die begeisterten Worte nach, mit denen er versucht hatte, das Glückliche Zeitalter offiziell einzuläuten.

Doch diese Nachricht hatte dieselbe Wirkung wie eine hartnäckige Bakterie, eine Mikrobe, die langsam den stärksten Organismus angreift und die Entzündung ausbreitet, Tag für Tag, mit Geduld und Beharrlichkeit, so daß man plötzlich in dem Augenblick, da man etwas ansonsten Gewöhnliches versucht, bemerkt, daß ein Arm, eine Wange, ein Auge oder irgendein anderer Teil unseres Körpers sich verändert hat, angeschwollen oder ausgetrocknet, angespannt und verhärtet oder träge und schlaff ist: äußerlich und farblich verwandelt, kommt er uns jetzt unsinnig und fremd vor.

So entsteht der Schmerz.

Und so begann sich zu dem Zeitpunkt, als sich die mit Gittermasten und Rohren beladenen Fahrzeuge auf die Sümpfe der Tyśmienica zubewegten, um in die Erde zu bohren, allmählich der gesamte Mechanismus von Drohobycz langsam zu ändern. Aus dem Dorf mit eisernen Türmen, das am Ausgang der Ebene entstand, drangen der Lärm des Stahls, die gedämpften Geräusche der nächtlichen Explosionen und die scharfen und süßen Gerüche von Kordit und Pulver bis in die Stadt. Sie begleiteten uns durch die Straßen, blieben über den Plätzen hängen und zogen sogar ins Haus, und so schlichen sie sich nach und nach in unsere Gespräche und unsere Lebensweise ein. Seit dem Morgen des Ausrufs, den Włodarski in den Wind gestreut hatte, blieben einige jener Worte in der Stadt, zusammen mit den Männern in Uniform, die abends, am Ende jeder Arbeitsschicht, auf den Wagen übereinandergestapelt eintrafen, um zwischen den Straßen und den Plätzen von Drohobycz ihre Zeit zu verbringen.

Stillschweigend ließ die Stadt zu, daß in einem Teil von ihr etwas entstand, was die ketzerische Hypothese einer Neuen Zeit akzeptierte. Einige Häuser erwachten morgens mit frisch gestrichenen Fassaden, wie eine Gratulation zu einem neuen Tag, und die Schilder der Läden wiederholten weiterhin die Hinweise auf die Geschäfte, die Barbierstuben, die Drogerien, aber mit Worten aus fremden Sprachen, die ferne Orte heraufbeschworen, Protagonisten des Goldrauschs und mächtiger Dynastien, beladen mit unterirdischen Schätzen.

Seltsame, nie gesehene Symbole erschienen und rankten sich an den Ecken unserer Straße empor und gaben Hinweise auf bis dahin unbekannte Treffpunkte oder Verheißungen sündhafter Vergnügungen. Es waren nicht mehr die verschlungenen Schilder aus Schmiedeeisen, golden glänzend oder bernsteinfarben emailliert, Trauben für Gastwirte und Hirschgeweihe für die Verteiler von Lebensmitteln. Es waren blendende Skulpturen, ungeahnte Plakate, die auf unbekannte Länder hinwiesen, Parallelepipeden phantastischer Orte, die verführerische Dromedare, kurvenreiche Odalisken ahnen ließen, welche dem Vorübergehenden zublinzelten und ihn anlockten.

Man färbte die Zahlen, römische und arabische Ziffern, gotische und kyrillische Zeichen, mit unterschiedlichen Farben; es erschien sogar eine Tram, ein Omnibus nach Pariser Vorbild, langsam und schwankend wie ein Nachtgespenst. Die Stadt versuchte aus der blassen Peripherie in etwas hineinzuwachsen, was sie nicht kannte und nicht benennen wollte, was aber aus dem ständigen Schlagen der Hämmer auf die Erdkruste bestand, aus den Geräuschen der stahlbeladenen Anhänger, die inzwischen den kleinen Wagen des Eismanns verdrängt hatten.

Vor der Tür ihrer Läden begannen die Händler in Erwartung neuer Kunden mit Ungeduld zu verweilen, die Verkäuferinnen verschönerten sich das Gesicht, um die Blicke jener Männer in schwarzer, vergoldeter Uniform auf sich zu ziehen, die durch die bestickten Kragenspiegel, welche sie als Angehörige der Kaiserlichen Erdölgesellschaft auswiesen, Berühmtheit erlangt hatten. Selbst mein Vater entschied sich für den Wandel, und entsprechend allen anderen Veränderungen der Stadt baute er ein Schaufenster. Er schob den Ladentisch um einen Meter zurück und schuf unter dem Fenster am Eingang einen ausreichend großen Platz, um die Waren besser ausstellen zu können. Es waren Handlungen, die man über sich ergehen ließ und die niemals begründet wurden, eingehüllt in die Scham, die jeden Bewohner befallen hatte, wobei jeder in der bewußten Erkenntnis verschlossen war, das Sakrileg des Wandels zu begehen. Nie wurde irgend etwas preisgegeben: Die Verkäufer arbeiteten an der Vorbereitung mit einer zerknirschten Selbstverständlichkeit, wie sie einem Begräbnis oder einer Totenwache angemessen gewesen wäre.

So war es auch, als die Modepuppen kamen, die Bewohner des neuen, stillschweigend eroberten Platzes. Ich fand sie eines Morgens vor, angeordnet wie eine offenkundige Idee, die man für sich behalten hat, um keine Verwunderung zu wecken: Mein Vater und seine Verkäufer waren damit beschäftigt, sie zu kleiden, die eleganten Hüllen aus Tüll, Makramee und französischer Seide zu kreieren, aus Stoffen, die für das Leben in Galizien wenig geeignet waren, das vielmehr Wollenes erforderte. Auf diese merkwürdige Art bedeckten sie die Blöße jener zufällig in dieses Leben geratenen Wesen, die den Bewohnern von Drohobycz hinzugefügt worden waren in der Erwartung von etwas, was niemand erwartete.

Das war das Glückliche Zeitalter, das dazu verleitete, einige unserer Dinge zu verändern, obwohl es wußte, daß es keine Hoffnung auf Änderung gab. Es kam das Erdöl, das die Tyśmienica hoch in den Himmel spuckte und das dann, in Käfige, in die Rohre und in die Tanks der Fahrzeuge gesperrt, eilends zu den Handelsplätzen des Kaiserlichen Wien und zur großen Donau fuhr.

Es kamen die Menschen, wie jene Herden von Tieren kamen, die ich jeden Abend auf der Straße entlanggehen sah. Es kamen diejenigen, die es verstanden, den Rauch der wahren Hoffnung zu verkaufen, Frauen und Männer, schön und häßlich. Nach dem Gewicht von Gold verkauften sie, und mit den Papieren und den Tugenden der Zauberer und der Prostituierten bevölkerten sie Drohobycz wie Blätter die Bäume; ohne um Erlaubnis zu fragen, machten sie es sich in den Hotels bequem oder in den Buden, die im Sog des Windes errichtet wurden, der die Krokodilgasse peitschte, sie waren Lichtstrahlen einer launischen Sonne und Schatten einer Laterna magica aus Papier. Sie kamen und verschwanden genau wie die Salamander, die die Farbe wechseln, und ihretwegen dehnten sich die Stunden in der Erwartung und wurden die Beine der Drogisten in den Türen müde. Nach einiger Zeit, wenn es überhaupt Zeit war, sah man die an den Ecken der Ladentische eingeschlummerten Verkäufer, geschniegelt mit ihren gefärbten Koteletten und ihren gebügelten Hemden, und die Schminke der Verkäuferinnen verwischte und löste sich in der Hitze der Nacht auf.

Ich sah immer noch den Tieren des Ladens zu, die ihr Leben fortführten, und meinem Vater, der das Hauptbuch mit den Eingängen in ein Lager, das überquoll von Spitzen, Damast und feinem Leinen, auf den letzten Stand brachte: Er trug sie mit Schönschrift ein und kratzte so lange auf die langsam abschilfernden Seiten, bis er, den Kopf auf den müden Unterarm gelegt, einschlief.

Wie Luft auf dem Gesicht gingen sie vorüber, ohne zu verletzen, zerzausten die Haare, ohne unsere Gedanken, ja nicht einmal unsere Worte zu berühren. Sie kamen und sie gingen, so einfach, wie die Träume kommen, und am Morgen entschwinden sie, und alles, was sie dir hinterlassen, ist ein Schleier um die Augen.

Es war tiefe Nacht, das Haus schlief längst, da erwachte ich plötzlich, weil ich einen Schatten lasten fühlte. Ich hatte meinen Vater zurückgelassen, eingeschlummert, den Kopf auf das Hauptbuch gestützt, die anderen Personen und die Dinge unbeweglich wie immer im Schlaf.

Ich ging zur Treppe, von der ein schwaches Licht nach oben drang. Das Buch lag geschlossen auf dem großen, in einer traurigen Wüste verlassenen Tisch. Ganz langsam stieg ich die Stufen hinab und drang in den unteren Teil des Hauses ein.

Und so sah ich dort meinen Vater und einen Herrn mit einem großen Cape, einem Zylinder und einer Rose im Knopfloch stehen. Mit einstudierten Tanzschritten zog dieser aus dem Zylinder ein Kaninchen, eine Taube und eine Schlange. Dann eine Reihe von riesigen Taschentüchern, die sich, in die Luft geworfen, in Blumen verwandelten. Mein Vater applaudierte glücklich mit seiner verrutschten Jarmulke und erinnerte an ein Kind, dem man seinen Traum geschenkt hat.

Bald darauf bemerkte er mich und trat lachend näher: «Das ist Herr Bosco, der große Zauberer, und seine Frau Paolina, seine Assistentin. Sie machen Dinge, die man noch nie gesehen hat, sie können aus dem Nichts einen Elefanten hervorzaubern.»

Herr Bosco reichte mir die Hand, in der ein Stöckchen erschien, das sich drehte und sich sofort in einen seidenen Regenbogen verwandelte. Paolina holte unterdessen die Tierchen, setzte sie in kleine silberne Dosen, die sie dann in eine vergoldete Truhe warf, aus der schließlich ein Zwerg auftauchte.

Als ich die Treppen wieder hinaufstieg, fühlte ich, daß mein Vater glücklich war, so, als würde ihn jenes Zeitalter tatsächlich beglücken. Er nahm meine Hand und versprach mir, daß wir weitere wichtige Besucher haben würden, einzigartige Wunder und nie Dagewesenes. Und so stiegen ich und mein Vater einige Nächte hinunter, verbargen uns im Schlafgeräusch des ruhig schlummernden Hauses und suchten heimlich die unteren Räume auf.

Eines Nachts trafen wir Anna Csillág an, die in ganz Kakanien berühmt war, eine seltsame, unglaubliche Frau, deren Geschichte alle Welt rührte. Sie war seit langem glatzköpfig, hatte einen eingewachsten Schädel, infolge eines Unglücks oder einer Krankheit, irgendeine Ursache hatte sie in diesen grausamen und kuriosen Zustand versetzt. Wir lasen darüber in den Zeitungen, weil die Csillág begann, eine Spezialsalbe anzuwenden, deren Rezeptur nur sie kannte und die ihr die Haare über die Maßen wachsen ließ.

Wir sahen sie vor unseren Augen, im spitzengesäumten Nachthemd. Sie hatte eine Lilie in der Hand und zeigte auf ihr Haar: Es fiel in einer Kaskade von einem Meter achtzig bis zu ihren Füßen herab wie eine Schleppe.

Mein Vater lobte die Kraft der Erfindungsgabe und strahlte geradezu vor seinen freundlichen Worten: «Die Intelligenz, die Gott uns geschenkt hat, angewandt auf Wissenschaft und Geist. Der Mensch kann das, wenn er will, bewerkstelligen, weil es auf der Welt für alles ein Mittel gibt. Dies spornt uns an zu suchen, in unseren Speichern, Kellern und in den Falten jener Orte zu forschen, wo wir das Wissen versteckt halten.»

Nach der Csillág kamen die Radfahrer auf Vehikeln mit riesigen Rädern, die den Kopf einzogen, um nicht gegen die Balken zu stoßen, und drehten ihre Kreise wie zufriedene Kinder. Ihre riesigen Schnurrbärte schwangen im Rhythmus der Pedale hin und her, und bei ihnen befanden sich Spaßmacher, die Violinen und Ziehharmoniken, in tausend Farben schillernde Töpfe und Trommeln trugen und die Winternächte aufheiterten.

Mein Vater schien glücklich zu sein, nahm mich bei der Hand und sprach.

«Siehst du», sagte er lachend zu mir, «das ist der wahre Fortschritt: Balsam, Zauberer und Spaßmacher. Die Kaiserlichen Soldaten graben die Erde auf, und die Erde antwortet, indem sie ein Gelächter hervorstößt.»

Er deutete einen Tanzschritt an und brachte mich, das alte Lied von Jemmel singend, ins Bett.

Während die Erde im Sumpf Erdöl ausspuckte, war mein Schlaf weiter von Tieren bevölkert. In einer jener Nächte erhoben sich plötzlich die Reiher, die zusammen mit mir in meinem Zimmer schliefen, wo sie auf ihren Zügen nach Osten gewöhnlich Zuflucht nahmen. Ihr Lärm war so groß, daß mir bei der Erinnerung daran noch heute die Schläfen zittern: Ich fuhr aus dem Schlaf auf und rang nach Atem. In der Luft über Drohobycz war das Meer explodiert, das doch einige hundert Meilen entfernt war, ein brennender Wind riß plötzlich das Fenster auf, das lärmend auf und zu schlug. Ich stützte mich auf das Fensterbrett und betrachtete den Himmel, der nicht mehr zu dieser Erde gehörte, sondern zu irgendeinem seltsamen Planeten, auf den er geschleudert worden war. Die Schwärze der Nacht, die ruhig im Westen schlummerte, war von der anderen Hälfte des Himmels verschwunden, der so rot war wie die Hülle des Mars.

Noch einmal wurde Drohobycz aus dem Schlaf gerissen, noch einmal stellten sich die Familien der Floriańska an die Fenster, um jenen Wind und jenen Lärm zu enträtseln, der ihre Träume auffraß. Durch die Straßen liefen verrückt gewordene Pferde und Ochsen, an ihre Fuhrwerke gebunden, und ganze Züge von Männern in schönen roten Uniformen mit breiten Hüten und vergoldeten Knöpfen. Sie läuteten die Glöckchen, schrien und verlangten Durchlaß und kreuzten einander in allen Richtungen.

Das Schicksal fügte es, daß es noch Włodarski gab, den Drogisten, der die Aufgabe des Kundschafters übernahm und wieder im Nachthemd auf die Straße hinunterging, um jene Soldaten nach dem Grund des Getümmels zu fragen. Wie es offensichtlich in den Träumen geschieht, empfanden die Bewohner dieselbe Angst vor dieser Invasion.

«Dieses Mal handelt es sich mit Sicherheit um die Preußen», sagte mein Vater mit offenkundiger Genugtuung.

«Mit dem Instinkt darf man nicht scherzen, die kriegerische Lust der Feinde giert nach Blut», und während er sich über den Bart strich, zeigte er vor uns Kindern auf den Himmel über der Welt, der jetzt in Flammen stand.

Und so sahen wir die bereits einmal gesehene Szene wieder, mit Włodarski, der auf den Zehenspitzen wippend sprach und nickte und gestikulierend Fragen stellte, und dem Offizier, in Uniform und mit breitem Hut, der mit weit ausholenden und aufgeregten Gebärden vor dem Mann abwechselnd auf die Fuhrwerke und in die Ferne deutete.

In der Mitte der Straße stehend erhob der Drogist am Ende des Konventikels mit ebenso großer Feierlichkeit wie damals, als er dem Schlaf von Drohobycz die unmittelbar bevorstehende Ankunft des Fortschritts ankündigte, die Stimme zu dem mit roter Finsternis gefärbten Himmel und rief:

«Mitbürger! Die Erdölquellen der Tyśmienica sind, soweit dies feststeht, explodiert, Zerstörung und Chaos haben ihren Feuermantel über unsere Köpfe gebreitet und spucken mit brennenden Zungen ihren Zorn aus den Eingeweiden der Erde heraus, wo sie Flammen entfachen. Die Männer in Uniform, die sich für diese ungleichen Mühen sammeln, sind nicht die Ursache dieses Zusammenbruchs, sondern die tapferen Kämpfer der Kaiserlichen Feuerwehr. Mit vor Angst brennender Kehle und mit in Trauer versunkenem Herzen habe ich gehört, daß es nur wenig Hoffnung gibt, die Früchte des emsigen Werkes der Kaiserlichen Erdölgesellschaft, die versucht hatte, uns einer rosigeren und glücklicheren

Zukunft entgegenzuführen, vor der zerstörerischen Furie zu retten. Mitbürger! Das Feuer hat sich bis Drohobycz vorgewälzt! Freunde! Der glühende Atem der alten Zeit ist zu unseren Häusern zurückgekehrt! Männer und Frauen Galiziens! Das Glückliche Zeitalter ist zu Ende!»

3

*Eine Prophezeiung – Laufen –
Die Zigeuner: im Traum – Winterliche Sammlungen –
Großputz vor Pessach –
Jedes Jahr kommt der Frühling wieder*

Das Glückliche Zeitalter wurde so abgebaut, wie man einen Zirkus abbaut, der auf der Erde den feuchten und stinkenden Exkrementenkreis des Sägemehls dort hinterläßt, wo das Spektakel abgehalten wurde.

Es folgte eine Zeit der Verwirrung und Unruhe, die zusammenfiel mit der Invasion der Männer der Kaiserlichen Feuerwehr, die sich der grausamen Aufgabe annahmen, die Flammen zu zähmen. Die Hitze der Blitze brachte unsere Häuser zum Schmoren und versetzte die Herzen in Erregung. Mein Bruder erwachte eines Morgens und hielt sich für einen General der napoleonischen Armee im Angesicht der Feuersbrunst von Moskau. Die Insekten des Hauses bewegten sich so frenetisch wie die Wagen auf der Straße, und die vom Widerschein der Flammen verängstigten Tiere wuselten lange durcheinander, ehe sie sich wieder beruhigten.

Das letzte Nachspiel wurde markiert durch die Schwärme der Neugierigen, die sogar aus Wien herpilgerten, um sich die aus der Erde gespuckten Gluten anzusehen. In von jungen Kutschern gelenkten Wagen trafen gegen Abend aus den nahegelegenen Bädern von Truskawiec die in helle Spitzen gekleideten Damen ein, die am Vormittag noch Thermalbäder genommen hatten, und führten lebhafte Gespräche über die vier Elemente, die sie, in ihrer geschwätzigen und touristischen Manier, an einem einzigen, unvergeßlichen Tag miteinander kombinieren konnten: Wasser, Erde, Luft und Feuer.

Auch sie verschwanden nach wenigen Wochen, als das Erdöl des Fortschritts sie langweilte, und wahrscheinlich waren sie dieses unverschämten Exhibitionismus selbst überdrüssig. Eines Morgens im Oktober wurden von der Erde noch einmal einige Mundvoll Flammen ausgespuckt, und dann verabschiedete sich die Erdölquelle der Tyśmienica für immer von der Bühne der Zukunft. Als Erbe hinterließ sie die halbkahlen Gittermasten, die auch nach dem Regen noch einige Wochen lang brannten, mehrere Dutzend verkohlte Gräber Kaiserlicher Feuerwehrmänner und Erdölbohrer, manche geschwärzte Mauer und stählerne Hütten, die, ineinander verschmolzen, von einem schweren, süßlichen Rauch gezähmt wurden, der unsere Worte noch einige Monate lang würzen sollte.

Das vielleicht letzte Kapitel schrieb der alte Maniecki, der sich von Leopold, seinem Enkel, zur Erdölquelle fahren ließ. Im Alter von einhundertundvier Jahren wollte er mit seinen eigenen, verschleierten Augen jene Zukunft sehen, die ihn hätte vernichten sollen. Vom Kutschenkasten aus besichtigte er die Katastrophe, die letzten Flammen, dann strich er sich über den Bart und lieferte den Leuten in der Stadt, denjenigen, die auf Neuigkeiten erpicht waren, eine Antwort, eine Meinung, eine Stellungnahme des Weisen zum Geschehenen.

«Fast möchte ich über die Herausforderung lachen», sagte Samuel Maniecki zu uns, die wir zuhörten, «über den Ehrgeiz, Löcher in die Erde zu bohren, um an mehr

Gold und an mehr Macht heranzukommen. Fast möchte ich lachen, aber ich kann nicht.»

«Ich meine» – und er machte eine feierliche Pause – «daß dies etwas Böses ist, ein schlimmes Zeichen. Der Beginn eines Jahrhunderts ist wichtig, er ist wie ein Kind in den ersten Lebensjahren. Ein Feuertod, die Zerstörung, das Inferno – das sehe ich vor mir, das scheint mir diese Erdölquelle den Menschen, die hier in Galizien leben, zu sagen. Erinnern wir uns, daß alles ein Ende hat und daß das unsrige ein feuriges sein wird. Sterben wird auch der Kaiser, untergehen wird auch das Reich und mit ihm die Ehre. Bleiben werden nur die Dinge, die Tiere und unsere Gerippe. Bleiben werden nur die Träume Josephs, des ‹Herrn der Träume›. Die Genesis und die Apokalypse am Ende des Kreises.»

Mühelos schlummerte Drohobycz wieder ein, die herausgeputzten Fassaden der Häuser färbten sich aufs neue mit dem Dunkel der Zeit, die sich ihrerseits erneut anschickte, unbeweglich wie eh und je zu verstreichen, markiert nur vom Rhythmus der Jahreszeiten.

Der Winter begann wieder, mit Eis und Wind gegen unsere Fenster zu peitschen, und verhieß die Milde eines Frühlings, der nie ganz aufblühte, sondern sich in einem plötzlichen Erwachen erschöpfte, das uns in den Armen eines erstickenden Sommers zurückließ. So daß schließlich der geheimnisvolle Herbst wiederkehren konnte, voller Nebel und Wolken, die den Horizont bedeckten.

Ich war noch ein Kind, das auf das Laufen hoffte, das in seinen Beinen eine Möglichkeit zur Beschleunigung entdeckte. Die Welt lief jedes Mal, wenn ich zum Fluß hinunterstürzte, eilends herum, im Rhythmus meines unterdrückten, immer heftigeren Atems. Das magische Geräusch meiner Schritte, die Fähigkeit, über Mäuerchen und Gehsteige zu hüpfen, erfüllte mich mit Hoffnung, der inneren Gier, im Laufen die verworrenen Striche meiner Zeichenstifte zu schaffen, den Platz der Erde wie ein Blatt zur Verfügung zu haben und umherzustreifen, um der Zeit zu entfliehen. Damals begriff ich noch nicht, daß der Kreis, wie groß auch sein Radius sein mochte, immer die Wirklichkeit einschließt. Daß die Zentrifugalkraft dich dennoch zermalmt und dein großer Kopf dich nach unten zieht, wie groß auch immer die Geschwindigkeit sein mag.

Ich lief, bis mir die Luft ausging, verließ Drohobycz bei der Sankt-Jakobs-Kirche, und rannte mit großen Schritten zu den Baracken von Muzyka hinunter, um der Zeit noch schneller entgegengehen zu können. Damals glaubte ich noch, ihr die Stirn bieten zu können; noch hatte ich mich ihr nicht in entrüsteter Opposition entgegengestellt.

Ich rannte zu Ruskis Mauer, und auch das gefiel mir. Weiterzulaufen und dann zu bremsen, bevor man Eidechsen und Schaben erschreckte. Zu Hunderten befanden sie sich auf der Mauer, um sich zu sonnen, und bildeten dort dieselben Muster wie auf der Tapete des Zimmers, in dem ich schlief.

Die Nacht brach immer zu früh an und zwang mich, jene Arabesken zu betrachten: Eine Unmenge herangewachsener Tiere, die vom Dunkel auf meine Arme geworfen wurden.

Welcher Worte bedienen sich die Tiere? Verstehen sie es, ins Dunkel hineinzulauschen?

Die Soldaten der Erdölquellen verließen uns, die Feuerwehrleute und die seidenen Damen trollten sich, und ab zogen die Falschspieler, die Verkäufer heißer Kartoffeln und farbenfrohen Flitterkrams. Auch die Marktschreier mit ihren Balsamen und Salben, die Zauberer und die Radfahrer verschwanden aus unserem Haus. Vom Glücklichen Zeitalter blieben außer den rauchenden Ruinen der Erdölfelder an der Tyśmienica und dem ganzen buntgescheckten Plunder, den der Fortschritt in diese entlegene Gegend des Reiches gelockt hatte, nur die Zigeuner übrig.

Sie waren im Jahr der Erdölquellen eingetroffen, ein paar Wochen nach Pessach, zusammen mit den ersten lauen Lüften. Deshalb erschienen sie mir in jeder Hinsicht wie vom Wind herangewehte bunte Papiere. Sie kehrten jedes Jahr zurück, wenn der Schnee begann, die Wiesen freizugeben; sie kamen auf ihren kleinen, bunten Wagen, gezogen von fügsamen Pferden. Hinter sich her schleiften sie Häuser auf ramponierten Rädern, ganz kleine Häuser, die für meine Phantasie unzugänglich waren, denn diese war an die ungeheure Größe jener Räume gewohnt, in denen ich die Welt kennengelernt hatte. Gewiß träumte ich aus diesem Grund nachts von ihnen. Da ich mein Universum kannte, maß ich die Welt mit den Koordinaten eines furchtsamen Kindes und lief in meinen Nächten durch jene mikroskopischen, mobilen Behausungen. Sie waren voller winziger Gegenstände, Geschirr aus glänzendem, mit scharfen Zwergenhämmern beschlagenem Kupfer. Dort gab es Backtröge, mit feinsten Basreliefs verziert, dieselben exotischen Tiere darstellend, welche meine Träume bevölkerten. Als ich eines Nachts durch die Höhlengänge der Wagen streifte, öffnete ich einen dieser magischen Behälter. Er war voller Worte, voller dunkler, moosbedeckter Lettern, die wie Spinnweben ineinander verwoben waren und jahrelang aufeinandergestapelt dagelegen hatten. Ich nahm davon mit vollen Händen, um zu versuchen, sie zu entwirren, sie voneinander zu trennen und sie ordentlich, nach Form und Größe, aneinanderzureihen. Mich packte die Angst, die Zeit verging, und es gelang mir nicht, eine Lösung zu finden; meine mit schwarzen Klecksen befleckten Hände begannen zu zittern. Mir wurde bewußt, daß ich rasch handeln mußte, um nicht von den Zigeunern ertappt zu werden. Die Angst beherrschte mich bereits, und, während ich in dieser engen Röhre lag, begann ich Krämpfe und Anfälle zu fühlen, meine Seiten brannten, und die Schmerzen hatten bereits von meinem Leben Besitz ergriffen. Entsetzt vernahm ich am anderen Ende des Ganges Geräusche. Das Dunkel des Wagens enthüllte eine Tür, und, wie ein Reiterdenkmal aufrecht auf den Hintertatzen stehend, zeigte mir der große braune Bär der Zigeuner, aufgeputzt mit goldenen Halsketten und in Röckchen und Schuhen, theatralisch grimassierend seine weißen Zähne. Ich sprang auf die Füße, um mich zum Ausgang zu retten. Dabei stieß ich gegen den Backtrog, der sich überschlug und aus dem sich eine Kaskade von Buchstaben ergoß. Während diese sich in schöner Reihenfolge und Rhythmik zu ordnen begannen, hob hinter mir der Bär zu singen an, wobei er sich selbst auf einer Geige begleitete und aus jenem Wolkenbruch von Lettern folgendes Lied herauslas:

> Du Dunkelheit, aus der ich stamme,
> Ich liebe dich mehr als die Flamme,
> Welche die Welt begrenzt,
> Indem sie glänzt
> Für irgend einen Kreis,
> Aus dem heraus kein Wesen von ihr weiß.
>
> Aber die Dunkelheit hält alles an sich:
> Gestalten und Flammen, Tiere und mich,

Wie sie's errafft,
Menschen und Mächte –

Und es kann sein: eine große Kraft
Rührt sich in meiner Nachbarschaft.

Ich glaube an Nächte.

Ich glaube an Alles noch nie Gesagte.
Ich will meine frömmsten Gefühle befrein.
Was noch keiner zu wollen wagte,
Wird mir einmal unwillkürlich sein.

Ich bin auf der Welt zu allein
   und doch nicht allein genug,
Um jede Stunde zu weihn.
Ich bin auf der Welt zu gering
   und doch nicht klein genug,
Um vor dir zu sein wie ein Ding.

Ich erwachte in meinem Zimmer, in dem der Gesang noch hin und her wogte. Ich schleppte mich zum Fenster, von wo die Klänge aufstiegen. Auf der Straße spielten die Zigeuner, und an jenem frischen Maimorgen zogen sie den Tanzbär hinter sich her, der zum Kreischen der Violine tanzte:

   Angenehm ist für die Kleinen die Nacht;
   Sie spüren im Schlaf, daß der Wahnsinn wacht,
   Die Hunde reißen sich das Halsband fort
   Und streunen um die Häuser an jeden Ort;
   Wenn die Nacht geht, erschauern die Kleinen,
   Denn die Furcht vor ihrer Rückkehr bringt sie
     zum Weinen.

Die Winter kehrten zurück mit der Decke aus Schnee, unter der unsere Gedanken sprossen.

Stillschweigend, ohne es sich einzugestehen, ließen die Bewohner von Drohobycz ihren Traum wachsen, fast so, als würde diese besitzergreifende Jahreszeit sie zwingen, mit sich selbst abzurechnen, und würde jedem von uns die unendlichen Räume einer von dem milchigen Dunst, in den die Stadt eintauchte, ausgedehnten Zeit schenken.

Es waren Tage, an denen sich jeder seiner persönlichen Sammlung widmete. Danuta trug alle Gegenstände zusammen, die der Reinigung des Hauses dienten, und stapelte in ihrer Kammer Fetzen, Kehrbesen, Scheuerlappen und Staublumpen, die sich in ihrer Aussteuer befanden. Mit unendlicher Geduld kramte sie in den Stoffen und zwischen den Hirsebüscheln, um sie von Staubresten und den Überbleibseln jener kleinen Abfälle zu befreien, die das häusliche Leben in den vergangenen Monaten produziert hatte. Diese verwahrte sie in ordentlichen bunten Schachteln, auf denen sie in Schönschrift die Art des jeweiligen Inhalts festhielt.

Meine Schwester Hania hatte ein Herbarium in einem inzwischen dick angeschwollenen Heft angelegt, in das sie liebevoll die Ernte des Sommers, die geduldig auf den sonnenbeschienenen Fenstersimsen des Hauses getrocknet oder unter den Bänden des Universallexikons gepreßt worden war, einklebte. Dort hinein legte sie auch die Beine der toten Spatzen oder der von den Dächern gefallenen Tauben, über die sie dann deren Körper zeichnete und mit Aquarellfarben kolorierte.

Dank meiner Fertigkeit, Linien zu ziehen, war ich ihr Berater geworden und half ihr, die Grenzen zwischen jenen vom Körper getrennten Gliedern zu ziehen. Wir verbrachten ganze Abende damit zu kleben, aus den

Almanachen die Seitenansichten seltsamer Vögel zu kopieren und sie mit den einzelnen Beinen zu vereinigen.

Meine Mutter strickte schwarze Halbärmel und verflocht sie ineinander, für Jakubs Unterarme bei der Arbeit im Laden. Sehr elegante Ärmelschoner, keiner wie der andere, inspiriert von einem Buch über Knoten, das in einem bereits veralteten Hebräisch verfaßt war. Es waren recht geheimnisvolle Worte, die nicht einmal meine Mutter verstand, da die archaische Sprache des Textes höchste Anstrengung erforderte. Aber mein Vater nahm jene liebenswerte Schummelei augenzwinkernd hin, probierte die Halbärmel jedes Mal zufrieden an und äußerte seine Verwunderung über die vollkommene und großartige Erfindungsgabe, die hinter diesen ungewöhnlichen Handarbeiten wirkte.

Dann widmete er sich seiner Arbeit, den Sammlungen, die er jedes Jahr je nach Eingebung und Talent änderte. Mein Vater war Pionier in allem – in Sachen Elektrizität, deren Geheimnisse er kannte, was sich in der Art zeigte, wie er mit Drähten umging und sie zusammenzwirbelte; und in bezug auf die kleinen Landkarten und Pläne des Orients, die er auf besondere Blätter kopierte, deren Namen, Höhen und Völker er aber veränderte. Einmal sammelte er auch Insekten und diskutierte mit Danuta über deren Körperchen. Daraus entstanden endlose Zankereien zwischen dem Dienstmädchen, das die Besen absuchte, und seinem Herrn, der auf den Besitz der Tierchen Anspruch erhob.

Er fertigte große Bilder aus Karton an, mit unendlichen Reihen kleiner Küchenschaben, Fröschen, Schmeißfliegen und winzigen Getiers jeder anderen Gestalt, die er durch geschickte Arrangements zu ungeheuerlichen Bildern formte.

Der Winter zwang uns, schneller durch die Straßen

von Drohobycz zu gehen; eingehüllt in unsere Mäntel, streiften wir einander auf der Straße bei knappen Grüßen, hinter denen sich vielleicht der Argwohn der Sammler verbarg, die Notwendigkeit, das Stück Holz oder das krumme Rohr, das in den Falten der nassen Kleider versteckt war, geheimzuhalten.

Die Metallgerippe an der Tyśmienica gaben lange Zeit Anstoß zu herrlichen Sammlungen von verbogenen Stahlteilen, zertretenen Knöpfen Kaiserlicher Uniformen und ganzen Stücken durchbrochener Mauern. Niemand erklärte jemals ein Interesse für jenen verbrannten Ort, aber von dem Schlachtfeld, das die besiegten Kaiserlichen Truppen zurückgelassen hatten, begannen die Fundstücke zu verschwinden, von den Überresten aus Eisen über die verformten und abgeschnittenen Bleche und bis hin zu dem Schrott der zertrümmerten Fahrzeuge. Mit einem jahreszeitlich bedingten Sammelwahn geschlagene, unbekannte Hände rissen die bernsteinfarbenen Kreuze, die die Kaiserliche Regierung auf den Gräbern der Bezwinger des Feuers hatte errichten lassen, so lange aus, bis alle Grabsteine derjenigen, die für unser Wohl und unseren Fortschritt das Leben verloren hatten, wie Herbstblätter dahinschwanden, weggefegt von einem taktvollen Wind.

Es erhoben sich keine Stimmen, weder Einwände noch Geschrei, so, wie niemand wegen der im Herbst entblößten Zweige stutzig wird oder dem Fluß einen Vorwurf daraus macht, daß er bei den starken Überschwemmungen im Oktober den Ufersand mit sich wälzt.

Und so nahm die Tyśmienica nach einigen Jahren und dank dieses winterlichen Lasters wieder jenes wilde Aussehen an, das sie vor dem Glücklichen Zeitalter ausgezeichnet hatte; die sumpfigen Flußbiegungen erweiterten sich wieder in aller Ruhe, und auch in der Ebene machte sich die Erinnerung breit. Selbst die Vögel, die die Feuersbrunst vertrieben hatte, kehrten zurück: Die einzigen Gitterwerke, die auf der Hut blieben, waren die von den großen Störchen abgeworfenen dürren Zweige, die für Hanias Herbarium zu groß waren.

Wenn Pessach näherrückte, füllte sich das Haus wieder mit Leben. Als würde es die bevorstehenden Säuberungen durch die Familie ahnen, begann es aus den Böden und den Ecken die im Lauf des Jahres angestauten Flüssigkeiten auszuschwitzen.

Es erschienen ganze Bäusche wolligen Staubs, Reste von Papieren, die von der winterlichen Feuchtigkeit durchnäßt waren, Leiber von Insekten, die sich in verzweifelten Umarmungen ineinander verknäult hatten. Aus den Tapeten sickerten die reifen Rebenblätter und die getrockneten Blätter, die widerlich süßen Ausdünstungen einer Ernte, die dank unserer Trägheit niemals eingebracht wurde. Mein Vater lebte noch in der Verzückung seiner winterlichen Sammlungen, und mein Bruder war oft abwesend, um mathematischen Studien in Städten nachzugehen, die zum Rechnen viel besser geeignet waren als unser weltentrücktes Dorf. Meine Schwester war ein zerbrechliches kleines Mädchen mit einer Neigung zur Unschlüssigkeit, die sie zu langen morgendlichen Séancen zwang, während deren sie, erschöpft von der Langsamkeit der in ihren Dienst gestellten Danuta, über die Kleider für den betreffenden Tag entschied. Die Rituale ihres Lebens vervielfachten sich in den obsessiven Gesten, die sie zu ständigen Reinigungen nötigten, für die sie, je nach der Art des Tages, unterschiedliche Typen von Düften verwendete. Angefangen bei den nach Mandarinen aus Malta riechenden Seifen bis zu den nach Parmaveilchen duftenden Balsamen, von den Salben aus Kreide und Tonerde bis hin zum einfachen Abwaschen mit Waschseife.

So blieb nur meine Mutter, der der Ritus vom Gesetz her auferlegt war. Ich meinerseits hatte bereits Pflichten übernommen, die Schule begann mich zu formen, indem sie mich neben meinem unsinnigen Geschreibsel auf die Papierblätter die Ordnung, die tiefe Weisheit der Schrift lehrte.

Ich war daher bereit, das vorgeschriebene Gesetz zu lernen und zu beachten: Meine Mutter befahl mir, nach Brotkrumen zu suchen, und ich suchte geduldig nach ihnen. Ich setzte mich, wie in Erinnerung an die frühen Zeiten des Lebens, gehorsam auf die Fersen und durchkroch das Haus auf der Suche nach jeder Spur von Sauerteig und Brot. Ich legte die Krümel in eine kleine goldene Dose, die einzige Erinnerung an die Durchreise von Herrn Bosco, und am Ende wurde die Beute den rituellen Fähigkeiten meiner Mutter überlassen. Das Feuer verschlang sie im Nu, und so wurde das Haus für Pessach gereinigt.

Daraufhin kam das Geschirr an die Reihe, das ordentlich geputzt und blankgerieben wurde und erst dann Ruhe fand, wenn es nach einjährigem ständigem Gebrauch von Fetten und Speisen sorgfältig gesäubert war.

Schließlich waren die Schränke an der Reihe und wurden dem Ungestüm der sakralen Hygiene ausgesetzt. Meine Mutter leerte alles aus, an das wir uns erinnerten. Bei einer dieser Gelegenheiten öffneten wir einmal eine Tür. Der Schrank war in die Wand eingebaut, und ich glaube nicht, daß man ihn jemals geöffnet hatte. Aus der Mauer fielen die Bücher, deren alte und verkrustete Einbände in sich Millionen von Worten verschlossen hielten, welche in der Gestalt von Geschichten geordnet waren. Meine Mutter nahm eines davon, und plötzlich entsann sie sich. Da streckte sie die Hand aus und sagte mir, ich dürfe sie anschauen. Ich, der König des Papiers, bis dahin vortrefflich in der kindlichen Kunst, die Leere mit Linien zu füllen, sah mich einem Schatz bereits geschriebener, geordneter Worte gegenüber. Dieses Pessach war tatsächlich ein Fest, die Rückkehr des Sohnes zur Mutter, die ihm nach der Milch zu Beginn seines Lebens nun einen Schrank, vollgestopft mit Geschichten, zur Nahrung gab.

Mit Beginn des Frühlings kehrte das Leben auf die Plätze von Drohobycz zurück, der Stadtpark grub die in den Winterschlaf versunkene Musik wieder aus, und die Menschen fingen erneut an, mit ihren Spazierwegen ein Netz aus Arabesken zu weben. Ich wartete auf die Zigeuner und schnupperte am Fenster stehend, um die Ankunft des Windes zu wittern, der sie heranwehen würde.

Sie kamen auch in jenem Jahr; sobald der Schnee dem Grün etwas Platz machte, fuhren sie mit ihren Wagen und der Musik von den Karpaten herab. Auf der Parkmauer sitzend wartete ich auf die Magie jener Klänge, die mich an die Lieder erinnerten, welche Onkel Edward an unseren Geburtstagen spielte, während mein Vater mit den Füßen stampfte, die Hände hin und her bewegte und die Worte hinausschrie, die von der Welt erzählten mit jener Inbrunst, welche der Baal Schem Tov, der Meister des guten Namens, unsere Ahnen gelehrt hatte: die traurigen Geschichten von Jossel, von den Wanderungen der Vögel, von den Mühsalen der Arbeit und dem Gewicht der siebenmal in der Woche gegessenen Kartoffeln.

Die Wagen näherten sich vom Ende der Straße her, vor ihnen das kleine Orchester und der riesige Tanzbär. Ihn hielt an einer Kette ein mißgestaltetes, buckliges und krummbeiniges Menschlein mit einem enormen Kopf.

Auf seinem krummen Nacken schien es die Last unglaublicher Anstrengungen zu tragen, dennoch sprang es mit ruhigen Tanzschritten und verlieh der Musik des Quartetts mit Schreien und Lachen Nachdruck.

Es blieb vor mir stehen und verneigte sich. Vor Scham senkte ich den Kopf. Aus Rebbe Kowalskis Worten wußte ich, daß die Verkrüppelten vom Herrn berührt, in ihrer Stimme und ihren Gesten durch die Weisheit des Schmerzes privilegiert waren und daß man sie nicht herausfordernd ansehen durfte.

Der Bucklige verbeugte sich noch tiefer und forderte damit das Tier auf, es ihm nachzutun, und der Bär gehorchte sofort, indem er das Maul verzog und die Zähne fletschte, von denen einige schwarz gefärbt waren. Vielleicht war es nur eine Reaktion auf die Angst, die ich in den Träumen empfand, wenn ich von jenem Bären träumte, aber die Szene war so drollig, daß auch ich den Mund zu einem Lächeln verzog und schüchtern die Verneigung erwiderte.

«Ich bin Emram, und das ist József, der Kaiser aller Bären des Reiches. Ich kann alles für dich tun, alle deine Geheimnisse erfahren. Ich kann Hände, Füße und Karten lesen, und sollte dir dein Schicksal zufällig nicht behagen, kann ich es dadurch ändern, daß ich die Linien tilge, die jener Wahnsinnige hier eingeritzt hat.»

Sein Gesicht war ernst und heiter zugleich, sein Buckel drückte ihm von hinten den Kopf nach vorn und zwang ihn, mich von unten zu betrachten. Sein Gesicht war sonnengebräunt und erinnerte an das eines Knaben, zeigte aber Runzeln um die Augen und Furchen auf der Stirn, die ihm ein undefinierbares Alter verliehen. So starrte ich ihn an und zögerte, bis der Bär sich aufrichtete und auf die Hintertatzen stellte.

«Mein junger Herr», sagte Emram im Scherz, «denke

nicht zuviel über die Jahre nach, die ich auf dem Buckel habe. Die Zeit ist etwas Bösartiges, sie vergeht, aber sie bleibt hier, bleibt stehen.» Dann trat er näher an mich heran und flüsterte, als wolle er mir ein Geheimnis enthüllen: «Ich bin hundert Jahre alt, aber wenn ich will, bin ich zehn, ich habe drei Söhne, doch ich bin nur ein Jahr alt, ich bin jung und alt, älter als der Mond und jünger als der Wind. Laß uns etwas machen, ich singe dir etwas vor, und wenn es dir gefällt, gibst du mir eine Münze. Ich muß József etwas zu fressen geben, wenn du nicht willst, daß er mich zum Abendessen verschlingt.»

Er gab dem Orchester ein Zeichen, wandte sich den Zuschauern zu und drehte langsam die Hand herum, um jene zurückzuhalten, die schon eine kleine Ansammlung bildeten. Die Musik hob an, und der Bucklige begann zu singen:

> Es war einmal eine Geschichte,
> die Geschichte ist gar nicht fröhlich;
> die Geschichte fängt an
> mit einem jüdischen König.
> Lulinke, mein Vögelchen,
> Lulinke, mein Kind,
> ich habe eine Liebe verloren,
> mir ist so weh und wund.

> Es war einmal ein König,
> der König hatte eine Königin,
> die Königin hatte einen Weingarten.
> Hatte einen Weingarten.
> Lulinke, mein Vögelchen,
> Lulinke, mein Kind,
> ich habe eine Liebe verloren,
> mir ist so weh und wund.

Im Weingarten war ein Bäumchen,
das Bäumchen hatte ein Ästchen,
auf dem Ästchen war ein Nestchen,
im Nestchen lebte ein Vögelchen.
Lulinke, mein Vögelchen,
Lulinke, mein Kind,
ich habe eine Liebe verloren,
mir ist so weh und wund.

Der König ist gestorben,
die Königin ist verdorben,
das Ästchen ist abgebrochen,
das Vögelchen aus dem Nest gekrochen.
Lulinke, mein Vögelchen,
Lulinke, mein Kind,
ich habe eine Liebe verloren,
mir ist so weh und wund.

Woher nimmt man eine Leiter
tausend Ellen lang?
Woher nimmt man einen Weisen,
der die Sterne zählen kann?
Lulinke, mein Vögelchen,
Lulinke, mein Kind,
ich habe eine Liebe verloren,
mir ist so weh und wund.

Woher nimmt man einen Menschen,
der meine Wunden zählen kann?
Woher nimmt man einen Arzt,
der mein Herz heilen kann?
Lulinke, mein Vögelchen,
Lulinke, mein Kind,
ich habe eine Liebe verloren,
mir ist so weh und wund.

Ach, wenn ich nur dem Drang zu fliehen, mich des Laufes zu bedienen, um jenen in der Sprache meiner Ahnen gesungenen Worten zu entkommen, hätte widerstehen können! Wenn ich es verstanden hätte zu begreifen, daß alles bereits in jenen fröhlichen und traurigen Klängen geschrieben stand, die sich über die Mühsale des Lebens lustig machten und sie gleichzeitig zu würdigen wußten. Das Vögelchen flog davon, und ich rannte und versuchte der sanften Stimme jenes Buckligen zu entfliehen, die mich bis ins Herz hinein verfolgte.

4

*Heranwachsen – Insekten und
Schlaflosigkeit – Das Erwachen –
Mein Vater fährt zur Badekur – Fragen zum Salz –
Hoffman – Hania heiratet*

In der Zwischenzeit wuchs ich heran, zog meine Beine in die Länge und die Schultern um das bißchen in die Breite, das nötig war, um meinen großen Kopf gerade zu halten. Ich war nicht allzu gesellig, und die Worte, die ich mit der Welt wechselte, waren eher geschrieben als gesprochen. Ich stahl sie nachts aus dem Schrank, in dem die Bücher zwischen den Geräuschen des Hauses ruhten, und eignete sie mir an, indem ich mir einen fernen Ort vorstellte, wo sich sämtliche Geschichten der Welt abspielen konnten. Oft nahmen die Figuren, die ich auf dem Papier schuf, Leben an: Es waren wilde Zeichnungen, Raubtiere vom Malaiischen Archipel, die kleine Männer aus dem Abendland zerfleischten, Frauen, die unter ihren Sonnenschirmchen flanierten, gefolgt von ihren gefügigen Gatten, Männern mit Dackelkörpern.

Die Zeichnungen versetzten meine Schwester in Erstaunen: Im Laufe der Jahre war sie immer ängstlicher geworden und durchquerte seufzend und stöhnend die Zimmer in der Erwartung eines Menschen, der niemals eintraf. Hin und wieder blieb sie an meinem Tisch stehen, um sich ihrer Macht über mich zu vergewissern, und während sie mir den Kopf streichelte, wollte sie wissen, ob sie noch immer meine Königin sei. Damals zeichnete ich sie auf einem Thron, umgeben von langen bunten Stiften, gekleidet in blumengeschmückte Mäntel, verziert wie die Tapeten im Haus, und ich malte mich, klein, wie ich war, zu ihren weißen Füßen ausgestreckt und ihrer gebieterischen Präsenz den Unterwerfungskuß darbietend. Da strahlte Hania, erhob sich, drückte das Blatt an die Brust und zog sich, Tanzschritte andeutend, in ihr Zimmer zurück, um sich ganz ihren Seufzern hinzugeben.

Für meinen Vater zeichnete ich Stadtlandschaften, Straßen, auf denen sich Kutschen ohne Kutscher, Gespenster in den Straßenbahnen des Glücklichen Zeitalters und Kaiserliche Feuerwehrmänner in ihren an Taucheranzüge gemahnenden Uniformen fortbewegten und an Tiefseefische und tropische Ungeheuer erinnerten. Am liebsten waren ihm Bilder von den ersten Automobilen, die wir umherfahren sahen, gelenkt von den reichen Bürgern, die in Truskawiec Thermalbäder nahmen und wie englische Adlige auf Safari in Afrika bis in unsere Ebene vorstießen.

Mein Vater lachte glücklich, als er sich am Lenkrad dieser Wunderkutschen oder auf jenen Fahrrädern sah, die wir in den vergangenen Jahren auf unseren nächtlichen Eskapaden bei uns beherbergt hatten. Er hakte sich bei mir unter und trug seine Wünsche vor; er bat mich, seine Pläne, den Laden zu vergrößern, in die Tat umzusetzen: Schaufenster mit Chinoiserien und anderen Gegenständen aus dem Orient sowie Regale, welche Pulte und Bänke, in mehreren Schichten, übereinander oder konzentrisch angeordnet, enthielten. Ich hörte ihm zu und zeichnete, füllte meine Papierblätter mit Skizzen und Temperabildern, und diese landeten rechtzeitig in den Koffern, bevor meine Mutter sie zu Pessach dem Feuer hätte überantworten können.

Danuta sagte ich die Zukunft voraus: Als perfides Spiel der Phantasie zwang ich meine Einbildungskraft, sich in die Wünsche jener Frau zu verwandeln. Über und über in Spitzen gehüllt, den Kopf von einem eleganten Schirmchen geschützt, zeichnete ich sie in einem Hafen, wie sie gerade an Bord eines unvollendeten Überseedampfers geht. Danuta reiste ab, umstellt von Koffern und Hutschachteln, in offensichtlicher Abschiedshaltung an eine Welt gewandt, die sie verließ und die vor ihr stehenblieb, um ihr nachzublicken. Nach Ozeanien, nach Amerika oder wahrscheinlich ein Traum, etwas, was diese ständig Schürze und Holzschuhe tragende Frau wenigstens auf einem Blatt Papier hätte in die Tat umsetzen können. Danuta stockte der Atem, sie nahm diese imaginäre Hypothese mit jenem Mißtrauen in die Horizonte auf, das eine Zeichnung auslösen kann. Offensichtlich existierten in ihrer Vorstellung der Ozean und die Ferne, der Wunsch, dort und anderswo zu sein, sie selbst zu sein und gleichzeitig jene vornehme, bewunderte Dame, die sich auf dem Papier mit einer eleganten Geste von sich selbst verabschiedete.

Eines Tages zeichnete ich auch Gott, sein Licht und seinen Glanz, wie er direkt aus dem Türrahmen mit der Mesusa herabstieg und in jedem Sinne in unser Haus einschlug. Gleichzeitig gelang es mir, zwischen den Strahlen der göttlichen Kraft das edle Bildnis unseres Kaisers zu plazieren, wie er uns über seinen gewaltigen weißen Backenbart hinweg mit strenger und dämonischer Miene musterte. Die Wirkung auf meinen Vater war ungestüm: Er riß die Augen auf, erhob sich vom Kanapee, wo er sich nach dem Mittagessen ausruhte, flüsterte erschüttert etwas mit unvernehmlicher Stimme, senkte den Kopf und murmelte dann einige Gebete auf Hebräisch. Daraufhin befahl er Danuta, ihm die Leiter und Nägel zu bringen, und, nachdem er die oberste Sprosse erklommen hatte, proklamierte er feierlich mein Genie, die Frucht der unermeßlichen Güte unseres Herrn und der Fähigkeiten der Kaiserlichen Volksschule von Drohobycz.

Von jenem Tag an lebte meine Zeichnung dort oben, neben der Eingangstür, auf halbem Weg zwischen der Kapsel mit den Pergamentrollen und dem Bildnis des Kaisers hängend, in einer idealen Synthese zwischen dem Gesetz Israels und dem Wiens. Auch wenn es mir in meinem Leben noch gelungen ist zu wachsen, so hat mich das fühlbare Zeichen jener höchsten Mächte jedes Mal von der Höhe herab angeschaut, wenn ich das Haus betrat oder verließ, und mich zu einem schiefen, unterwürfigen Blick und einer leichten Verneigung gezwungen.

Im Winter 1911 setzte die Schlaflosigkeit meines Vaters ein: Er stand sehr früh am Morgen auf und widmete sich den Eintragungen ins Buch, rollte Rechnungen auf und kopierte Lieferscheine. In der ersten Woche wurde er dabei noch von meiner Mutter unterstützt, die ihn nicht durch ständiges Drängen nervös machen wollte; sie versuchte, ihm entspannende orientalische Kräutertees zuzubereiten und so jene lästige Schlaflosigkeit zu bezwingen, die die ohnehin schon endlosen Nächte des galizischen Winters noch weiter ausdehnte.

«Wenn du heute nicht schläfst, wirst du morgen schlafen», beruhigte sie ihn mit der Miene von jemandem, der sich in den Rhythmen der Ruhe auskennt. Doch nach zehn Tagen ständigen Wohlwollens veranlaßte sie ihr praktisches und impulsives Wesen, die Stimme zu erheben, weil sie den Willen jenes Mannes anzweifelte, regelmäßig neben seiner Frau zu liegen.

Mein Vater betonte in aller Ruhe, daß die Möglichkeit, sich mit seiner geliebten Gattin zu Bett zu legen, nicht zur Debatte stehe. Darum ging es nicht. Die Tatsache lag in der motorischen Unruhe, die ihn jedes Mal dann ergriff, wenn er sich anschickte, seine Gliedmaßen auf einem Stuhl, einem Kanapee oder einem Bett abzulegen. Es war in der Tat keine Frage des Willens, sondern etwas, was auf beunruhigende Weise an eine Krankheit erinnerte.

Daher wurde Doktor Levi gerufen, der meinen Vater anwies, sich nacheinander in die vier Himmelsrichtungen auszustrecken; er hörte ihn mit kleinen Trompeten aus Metall und Maulbeerbaumholz ab, schob ihm phosphoreszierende Löffelchen in den Rachen, um diesen mit kleinen Flammen, die in kompliziert angeordneten Spiegelchen reflektiert wurden, auszuleuchten. In Gegenwart der ganzen Familie kehrte er jenen Mann nach den Regeln der medizinischen Schule von Salerno und der von Haifa, wo unser Arzt die hehre Kunst des Hippokrates erlernt hatte, um und um.

Am Ende der Untersuchung versammelte er uns im Salon, und aufrecht dastehend teilte er uns mit einstudierter Feierlichkeit mit, daß er, wenn wir uns in Afrika oder auf dem Malaiischen Archipel befänden, ohne den geringsten Zweifel an den Stich eines bösartigen Insekts glauben würde, eines nahen Verwandten jenes berühmteren, das die Schlafkrankheit überträgt. Aber hier, im kalten Galizien, fern von der Welt und den Ländern, wo diese Arten der Fieberstechmücken beheimatet seien, sei sehr wahrscheinlich etwas Verhängnisvolleres im Spiel als das zerstörerische Werk eines Insekts.

Daraufhin wurde dem Arzt erklärt, daß Jakub den

Winter damit verbrachte, Insekten auf Kartons aufzuspießen, und daß deren Ursprung manchmal ungewiß sei, da niemals ganz klar war, woher die nußgroßen Fliegen oder die auf dem Markt in Lemberg gekauften martialisch aussehenden Käfer stammten. Andere würden von den Hauswänden und von Danutas Kehrbesen aufgelesen, und vielleicht kämen sie in die Floriańska-Gasse, weil sie an den Federn der auf unseren Kaminen nistenden Störche klebten, vielleicht würden sie von für sie günstigen Winden herbeigeweht oder stammten direkt aus Larven, die sich im Gewebe irgendeines merkwürdigen orientalischen Stoffes, mit dem man im Laden handelte, eingenistet hatten.

Doktor Levi war ein großer Herr, räumte diese Möglichkeit ein und erklärte die Diagnose für offiziell, konnte uns aber nur ein Heilmittel empfehlen, das eher dem Gott des gesunden Menschenverstandes zu verdanken war als der komplizierten Kunst, die er ausübte: «Dafür gibt es keine Behandlung; diesem Fall hinkt die Wissenschaft ein wenig hinterher. Ich rate lediglich zur Ruhe, auch wenn das, wie soll ich sagen, banal ist. Man muß nachdenken und sich bemühen, eine Ablenkung oder eine List zu finden, etwas, was einen Zeit gewinnen läßt in der Erwartung, daß der Augenblick vorübergeht.»

Und so ließ er uns zurück, in der Schwebe und in der Sorge um Jakub, der eine lange Zeit auf sich zukommen sah. Kaum war der Arzt gegangen, sah uns mein Vater traurig an, strich sich über den Bart und grübelte, während er im Zimmer auf und ab ging, nach, als ob er sich etwas ausdächte, mit dem er die tropische Krankheit besiegen könne. Plötzlich wirkte er erholt, blieb stehen und sagte zu uns allen mit mehr Überzeugung:

«Man muß dieses Rätsel akzeptieren, vor das uns der

Herr, gesegnet sei sein Name, gestellt hat. Wir dürfen einer solchen Störung nicht allzuviel Bedeutung beimessen. Es handelt sich nur um eine Wahrnehmung der Sinne, denn es ist der Ablauf der Dinge, der uns die Stunden und Tage anzeigt. Also muß ich diesen nur ändern und so tun, als sei ein Jahr ein Tag, die Rhythmen der Zeit ausdehnen, und wenn eine Stunde wie ein Monat ist, werde ich am Ende des Jahres schlafen können.»

Mit dieser rationalen Überzeugung rüstete sich mein Vater, seine Absicht in die Tat umzusetzen, indem er sich von der Familie abkapselte, um deren normalen Tagesablauf nicht zu stören. Nachdem er sich mit den wenigen Dingen eingedeckt hatte, die er für unentbehrlich erachtete, um die Verbindung zur Wirklichkeit aufrechtzuerhalten, zog er sich in die Räume des Erdgeschosses zurück, verschloß die Fensterläden fest, um nicht zuzulassen, daß das Licht ihn das Verstreichen der Zeit ahnen ließ, und begann so, mit seiner schlaflosen Periode fertigzuwerden. Mit der Welt kommunizierte er nur über lange Briefe, die Anordnungen, den Handel im Laden betreffend, enthielten, abgefaßt in mächtigen Worten, die mit offenkundiger Langsamkeit und Sorgfalt niedergeschrieben waren. So gelang es ihm, die genaue Kenntnis der Dinge zu verlieren; die Koordinate des Vorher und Nachher verlängerte sich für ihn wie ein von der Hand eines Riesen gedehntes Gummiband. Bei den Besuchen, die wir ihm unregelmäßig, im Abstand mindestens einiger Wochen, abstatteten, empfing er uns mit der Ruhe eines Menschen, der sich von uns vor höchstens einer Stunde verabschiedet hatte und mit völlig unangemessenen Pausen plauderte.

So bemerkten wir, daß Jakub im Lauf der Wochen, die wir im oberen Geschoß nach wie vor mit dem Wechsel von Tag und Nacht maßen, jeden Aspekt seiner Existenz in einem Rhythmus verlangsamte, der sich wahrscheinlich jenem isolierten Ort anpaßte. Er begann, sich viel langsamer zu bewegen und langsamer auf unsere Fragen zu antworten, und dehnte die Pausen und die Verbindungen zwischen einem Wort und dem nächsten so über die Maßen aus, daß auch wir Besucher, um ihn nicht in Verlegenheit zu bringen und ihm bei seinem Abstieg zum verdienten Schlaf zu helfen, uns an zurückhaltende Gespräche gewöhnten und an wenige Fragen, wobei wir die einzelnen Laute mit akkurater Trägheit skandierten. Mittlerweile aß er sehr wenig und mit unberechenbarer Langsamkeit, so daß wir gezwungen waren, ihn mit nicht allzu rasch verderblichen Speisen zu versorgen; denn das Essen wurde oft in seinem Teller schlecht, noch bevor der Schlaflose es aufgezehrt hatte. Ängstlich und respektvoll waren wir Zeugen der fortschreitenden Verwirklichung seiner mutigen Zerrüttung, bis wir eines Abends im Spätherbst, als auch die Murmeltiere und die Dachse anfingen, sich für den Winter in ihre Baue zurückzuziehen, meinen bereits reglosen und ganz stillen Vater vorfanden, mit geöffneten Augen und einem starren Blick entspannter Verwunderung. Die Hand drückte noch die Feder, mit der er in der seit unserem letzten Besuch vergangenen knappen Woche mit runder und überaus präziser Handschrift und in bequemem Abstand, mit je einem Buchstaben pro Seite, geschrieben hatte:

«Gepriesen sei der Herr, ich fühle den Schlaf nahen.»

Der offenkundig katatonische Zustand, in dem sich unsere Familie befand, legte uns nahe, Doktor Levi zu konsultieren, der jede unmittelbare Gefahr für den Patienten ausschloß; dieser zeigte sich zwar abgemagert und blaß, ruhte sich aber dennoch in einem tiefen Schlaf aus, einem Vorboten der endgültigen Überwindung jener seltsamen Krankheit, die ihn gequält hatte.

Der gute Doktor Levi wollte noch an jenem Tag zugegen sein, an dem Jakub beschloß, seine verdiente Ruhe zu beenden: Es war Ende Winter 1912, ungefähr ein Jahr nach dem Auftreten der ersten Störungen, ein Winter, in dem der Mann von uns Angehörigen aus dem Schlaf geweckt worden war, als Danuta über den Flur lief und in einem Atemzug schrie, daß «der gnädige Herr sich geregt» habe. In aller Eile wurde der Arzt gerufen, und sofort versammelte sich die ganze Familie am Kopfende des Bettes, um dem Ereignis beizuwohnen.

Nachdem er einige Male mit den Lippen geschnalzt und ein Dutzendmal die Arme und den Rücken gestreckt hatte, setzte sich mein Vater auf den Bettrand, wie er es gewöhnlich gemacht hatte, seit ich ihn kannte. Er strich sich mit der Hand über den Kopf, um festzustellen, ob er die Jarmulke aufhatte; dann sagte er mit normaler Geschwindigkeit und mit leiser, aber klarer Stimme:

«Ich danke dir, Herr, lebendiger und seiender König, dafür, daß du mir nach diesem Schlaf zum Zeichen deines Erbarmens die Seele zurückgegeben hast, denn groß ist dein Vertrauen. Und so sei es.»

Dann öffnete er entschlossen die Augen, schlüpfte gleichzeitig in seine beiden Pantoffeln, die ihn seit drei Monaten auf dem Fußboden erwarteten, und, nachdem er sofort aufgestanden war und über den Knien in die Hände geklatscht hatte, rief er vor unseren erstaunten Augen mit kräftiger Stimme:

«Gut! Gehen wir uns die Hände waschen und dann schnell in den Laden, denn das Lager wird sich bestimmt in einem beklagenswerten Zustand befinden.»

Die Schlaflosigkeit glitt über meinen Vater hinweg wie der Winter, der Eis und Schnee sät, das Wasser in den Ritzen des Bodens hart werden läßt und die Oberfläche der Straßen spaltet und aufbricht. Tatsächlich nahm dieser Mann ohne Zögern das übliche Leben wieder auf, seinen Rhythmus, markiert von den im Laden verbrachten Tagen, von den Geschäften und der Verzeichnung von Einnahmen und Ausgaben. Aber wir alle waren uns in der Feststellung einig, daß sich in dem glänzenden Boden des exakten und aufmerksamen Kaufmanns, der er einst gewesen war, einige augenfällige Risse aufgetan hatten. Vielleicht als Reaktion auf die endlose Einsamkeit der Schlaflosigkeit ließ er sich jetzt auf ungewöhnliche, lange Diskussionen mit Handelsreisenden und Kunden ein, drang dabei in jeden Winkel des Wissens vor und stellte eine unendliche Fähigkeit zum Argumentieren unter Beweis, so daß er sich noch im Laden aufhielt, wenn man ihn zu Hause schon zum Mittagessen erwartete. Manchmal wiederum komprimierte er die Stunden so, daß es ihm gelang, zwei Arbeiten wie eine einzige zu erledigen oder vier Kunden gleichzeitig in Diskussionen und Verkaufsversuche zu verwickeln, die die Verkäufer enervierten.

Vielleicht aus diesem Grund und wegen des wohlwollenden Rates von Doktor Levi forderten wir ihn auf, einen erholsamen Aufenthalt in den Thermalbädern von Truskawiec zu verbringen, weil wir sicher waren, daß ihm nach den gewaltigen Prüfungen des letzten Jahres eine Zeit der Entspannung und Ablenkung helfen würde, sich selbst wiederzufinden.

Die Abreise meines Vaters war für uns ein Ereignis. Mit Ausnahme der kurzen Ausflüge nach Lemberg zum Einkauf von Wollstoffen und Insekten und einem einzigen Besuch bei seinem Vetter Friedman in Warschau hatte sich mein Vater nie aus Drohobycz fortbewegt, so daß jene ungewöhnliche Abreise von der ganzen Floriańska-Gasse als greifbares Zeichen dafür erlebt wurde, daß die Zeiten sich früher oder später ändern würden.

In Gegenwart der Nachbarn, die in strenger Ordnung aufgestellt waren, mit den Familienoberhäuptern an der Spitze und den Söhnen dahinter, verabschiedete sich mein Vater, auf der Kutsche stehend, von den Anwesenden wie ein Prophet, der in den Himmel auffährt. Zuletzt löste er sich aus der Umarmung meiner Mutter, und nach den letzten Ratschlägen in bezug auf das Essen und die Ausgaben ermahnte er mich, der ich inzwischen zum Knaben herangewachsen war, auf den Gang der Geschäfte ein wachsames Auge zu haben. Danach richtete er, während er sich von allen liebevoll verabschiedete, an Danuta jene Warnung, die den Beginn seines Niedergangs markieren sollte.

Er streckte einen Arm in ihre Richtung und senkte die Stimme, als wolle er der Wichtigkeit seines Rates offizielles Gewicht geben, aber nicht so sehr, daß die Leute der Floriańska-Gasse das, was mit allen Anzeichen von Weisheit und Mysterium versehen war, nicht hätten hören können:

«Ich überlasse sie deiner Obhut und vor allem deiner Küche. Aber paß gefälligst auf das Salz auf, die Dosierung des Salzes, weil in dieser biblischen Speise unser ganzes Schicksal liegt.»

Nach dieser sibyllinischen Ermahnung nahm er in der Kutsche Platz und überließ uns mit einer Handbewegung unserem gewohnten Leben.

Der letzte Abschied des Kaufmanns hatte Danuta in einen Zustand des Zweifels und der Frustration versetzt, denn sie hatte zwar bestens verstanden, daß sie ihr Augenmerk auf das Würzen der Speisen richten müsse, doch es gelang ihr nicht, aus jenen Worten herauszuahnen, aus welchem geheimnisvollen Grund jene ihr so alltäglich erscheinende Substanz Gegenstand so großer Sorgfalt sein sollte. Ob im Hinblick auf große Mengen, um dem Essen mehr Geschmack zu verleihen und damit den Gaumen zu erfreuen, den uns der Herr, gepriesen sei sein Name, geschenkt hat, oder, im Gegenteil, aus Sparsamkeit mit dem Ziel, uns durch Mißbrauch des Gaumenkitzels in moralischer und physischer Hinsicht zu schaden.

So spiegelte sich während der drei Wochen, in denen mein Vater sich in Kur befand, in den Mahlzeiten unserer Familie der labile Charakter der Köchin wider, die mit dem Wechsel der Witterung auch ihre Stimmung änderte. Da wir uns in einem launischen und unberechenbaren Frühling befanden, folgte nun dem pikanten Geschmack der Suppe von heute der fade des Fisches von morgen.

Wir beugten uns diesen Schwankungen, denen nicht einmal die Empfehlungen und die Einwände der Tischgenossen beikommen konnten, und warteten auf die Erklärungen dessen, der diese rätselhaften Anweisungen gegeben hatte.

Mein Vater kehrte in blendender Form zurück, ausgeruht und entspannt stieg er aus der Kutsche und zog hinter sich ein mageres Männlein her, spitz wie eine Spindel, das er allen als den berühmten Herrn Hoffman vorstellte, und unterrichtete uns von seiner Absicht, diesen ein paar Tage lang zu beherbergen, um mit ihm einige Überlegungen zu Ende zu führen, die sie derzeit gemeinsam überprüften.

Die Überraschung und Unruhe im Haus war augenfällig. In unserem Familienalltag hatte man noch nie für einen längeren Zeitraum als ein Abendessen oder einen angenehmen nachmittäglichen Plausch im Salon Gäste im Haus gehabt. Wir bemerkten alle die Verlegenheit meiner Mutter, die nach der liebevollen Begrüßung durch ihren Mann vergebens versuchte, sich in das intensive Gespräch zwischen diesem und dem Gast einzumischen. Außerdem stand Danuta abseits und rang die Hände vor Unschlüssigkeit. Das Problem mit dem Salz war alles andere als gelöst, und die Präsenz dieser neuen Person sorgte dafür, daß sich die Zubereitung des Essens als noch unbequemer erwies als ein Spaziergang in Pantoffeln am sumpfigen Ufer der Tyśmienica.

So spürte ich, vielleicht zum ersten Mal, die Bürde der Aufgabe, der ich mich aufgrund meiner Position als bereits zum Knaben herangewachsener Sohn stellen mußte. Deshalb trat ich in den Salon, wo Hoffman und mein Vater, ins Gespräch vertieft, Papiere und Zeitungsausschnitte studierten, und bat nach einem Räuspern mit zögernder Stimme um die Erlaubnis, sprechen zu dürfen:

«Entschuldigt, wenn ich eure Unterhaltung unterbreche, aber, Vater, von dir wird eine Klärung benötigt. Deine Worte über das Salz haben unsere Familie vor ein Problem gestellt, das immer noch nicht gelöst ist. Die Köchin weiß nicht, was sie machen soll, sie weiß nicht, ob sie die Substanz anklagen und ihren Gebrauch beschränken soll oder ob sie sie belohnen und in großen Mengen verwenden soll. Als Oberhaupt der Familie und derjenige, der das Problem in die Welt gesetzt hat, müßtest du uns einen Grund nennen und das Wie und Warum erklären.»

Ich trug dies fast in einem Atemzug vor und versuchte dabei, den Fremden nicht anzusehen. Mein Vater lächelte und schwieg einen Augenblick, als suche er nach einem möglichen Anfang. Dann entschuldigte er sich bei Hoffman und sagte schließlich:

«Die Frage ist nicht so klar, und ich führe derzeit noch Untersuchungen durch. Wir brauchen das Salz, und gleichzeitig fürchten wir uns vor dem Salz, so daß ich glaube, es wäre gegenwärtig nicht klug, große Mengen davon zu verwenden. Ich werde meine Lösungen später bekanntgeben. Bis dahin richte es so ein, daß die Frauen ein Essen zubereiten, das unseres Gastes würdig ist.»

Ich ging verblüffter fort als zuvor und hatte den Eindruck, daß mein Vater nach etwas suchte, was uns entging. Ich berichtete meiner Mutter und Danuta von dem Gespräch und dem letzten Hinweis. Man entschloß sich also für einen Mittelweg: Salz würde zwar verwendet, aber in sparsamen und kontrollierten Dosierungen.

Von jenem Tag an befand sich mein Vater stets in Begleitung zweier Dinge: Das eine war das Salz und das andere sein Gast, Hoffman. Beide schienen ihn zu prägen und in gewisser Hinsicht auszuhöhlen, wenn auch aus unterschiedlichen Richtungen. Im Haus begannen seltsame Tüten aufzutauchen, in denen er sich Proben von Salzen des Toten Meeres, der Salinen Siziliens oder von australischem Steinsalz schicken ließ. Würfelförmige Blöcke aus Natriumchloridkristallen, himmelblaue Pulver sibirischer Herkunft und sogar Salz aus der afrikanischen Wüste, das aus dem Landesinneren Marokkos in mit arabischen Schriftzeichen verzierten Schächtelchen eingetroffen war.

Sein Arbeitszimmer und sogar einige Ecken des Ladens wurden von Destillierkolben in Beschlag genommen, in denen er merkwürdige Mischungen verschiedener Salzlaken auflöste und destillierte, Bücher über organische Chemie und Abschnitte rabbinischer Psalmen, den Siddur, die Mischna und den Talmud studierte, die in Abschrift und mit Bemerkungen versehen auf den Tischen lagen, wo einst Wollstoffe aus Schottland und Tuch aus Krakau ausgerollt worden waren.

Neben dem Mineral hatte sich Hoffman breitgemacht, der sich mittlerweile vom vorübergehenden Gast in einen Assistenten, Vertrauten und folglich in jeder Hinsicht in einen Angehörigen verwandelt hatte.

Dieser einzigartige Mann verbrachte seine Tage mit meinem Vater in Gespräche vertieft, die zwischen allen Gebieten des Wissens hin und her schweiften und die beiden Männer nach so vielen Nachforschungen abends erschöpft zurückließen. Er trug den Ausdruck ständiger Besorgtheit, als suche er in einem fort nach einem Argument, das ein Dilemma ein für allemal löste. Über sein Leben wußte man wenig, nicht mehr als das, was mein Vater auf die Fragen meiner Mutter oder auf meine schlauere Hinterlist hin verlauten ließ, mit der ich ihm indirekt Mosaiksteinchen vom Leben unseres Gastes zu entlocken versuchte. Sicher wußte man nur, daß er der einzige Sohn einer wohlhabenden Bankiersfamilie aus Krakau war, mit Stricken handelte und außerdem der anerkannte Erfinder eines besonderen Gummiseils war, das, nach seiner eigenen Aussage, die Welt der Seefahrt und des Transportwesens revolutionieren würde. Da er an ständigen halbseitigen Kopfschmerzen litt, hatte er sich zur Erholung in das Kurbad begeben, wo er meinen Vater kennengelernt hatte, von dessen Weisheit und Entschiedenheit er fasziniert war.

Hoffman schien in jeder Hinsicht ein harmloser, gebildeter Mensch zu sein, der mit dem, was er sagte, in keiner Weise störte, dies allerdings fast ausschließlich in gedämpftem und respektvollem Ton an meinen Vater richtete. Er war stets schwarz gekleidet, aß sehr wenig und mit anmutigen Gesten, und hätte ihn nicht diese Aura eines rätselhaften Unwohlseins umgeben, hätte er genau den Menschentypus verkörpert, den man wegen seiner Zurückhaltung zu schätzen pflegt.

Deshalb wurde seine Aufnahme in die Familie nach den ersten Problemen, die auf die Neuartigkeit einer längeren Gastfreundschaft zurückzuführen waren, sehr bald schon als etwas Normales akzeptiert. Dies ließ sich leicht an dem veränderten Gesichtsausdruck meiner Schwester ablesen und an dem subtilen Zauber, den jene so reservierte Persönlichkeit auf Hanias autoritäres Verhalten ausübte.

Seit Hoffman zum Haushalt gehörte, gab sie in der Tat nach und nach ihr ständiges von Seufzen und Stöhnen begleitetes unruhiges Umherwandern auf, von dem nur ich sie mit meinen Zeichnungen hatte abbringen können. Ihre morgendlichen, ihrer Schönheit gewidmeten Séancen dehnten sich über die Maßen aus, und obwohl ihr resolutes und gebieterisches Gehabe nicht ganz verschwand, ahnte man dann, wenn sie sich an Hoffman wandte, ihren Wunsch, statt der Hanfarten Algeriens und der überaus komplizierten japanischen Knotenkunst für ihn zum Gesprächsthema zu werden.

Die Bestätigung dafür, daß auch ein Seilhersteller von den Stricken der Liebe gefangen werden konnte, erhielten wir eines Abends Ende Juli. Mein Vater, der gerade ausholte, um die beunruhigende Nachricht über die Schüsse von Sarajewo, die dem Leben unseres Erzherzogs ein Ende gesetzt hatten, zu kommentieren, wurde von seinem Gesprächspartner unterbrochen, der das Familienoberhaupt um Verzeihung und um Aufmerksamkeit bat und ihn, nicht ohne Stottern und Unsicherheiten, von der Absicht unterrichtete, seine einzige Tochter zur Frau zu nehmen.

Mein Vater war im Begriff, sich in den Sessel zu setzen, um mit der bereits traditionellen Plauderei nach dem Mittagessen zu beginnen, schien aber nicht besonders überrascht und stimmte eilig zu: «Ich glaube, daß dem nichts entgegenstehen kann außer der bedingungslosen Weigerung der Betroffenen selbst. Was mich anbelangt, so freue ich mich für Sie, Hoffman, denn die Frau ist unserer Erkenntnis nach das Salz der Erde.»

Daraufhin bedeutete er seinem künftigen Verwandten, sich ihm gegenüber auf dem Kanapee niederzulassen, setzte sich seinerseits und platzte, offenkundig mit gesteigertem Interesse, los:

«Wie dem auch sei, lieber Hoffman, vor Ihrer Frage hatte ich Sie um eine Stellungnahme gebeten. Wollen Sie mich also höflichst darüber in Kenntnis setzen, wie Ihrer Ansicht nach die Antwort Serbiens lauten wird?»

Die Antwort Serbiens wurde dank der Kaiserlichen Kanonenschüsse überhaupt nicht vernommen, doch dies hinderte die beiden Verlobten nicht daran, einige Monate später ihre Hochzeit zu feiern.

Hoffman telegrafierte nach Krakau, um seine Eltern von seiner Entscheidung zu unterrichten, und erhielt postwendend ein freundliches, aber nüchtern gehaltenes Telegramm von seinem Vater, das sich ungefähr so las: «Deine großartige communicatio erreicht uns, während wir uns anschicken, eine kreuzfahrt rund um die welt anzutreten. Die traurigen communicationes über kriegerische auseinandersetzungen hindern uns zwar daran, ruhig im centrum des kriegführenden continents zu verharren, aber unsere herzen nicht daran, dir und deiner künftigen frau glück zu wünschen. Ad majora.»

Dieser Brief löste große Verlegenheit und bei Hania ein hysterisches Weinen aus, das nur durch die Sanftmut meines Vaters und die Ausdauer meiner Mutter beruhigt werden konnte.

Am Tag der Zeremonie stieg ein Hoffman, der ganz und gar derselbe war wie an den vorhergehenden Tagen, der Tradition entsprechend die Stufen hinauf, um im Beisein der Zeugen den Ehevertrag zu unterschreiben. Dann begab man sich in das größte Zimmer des Hauses, wo Danuta und meine Mutter nach allen Regeln der Kunst eine Chuppa vorbereitet hatten. Unter dem Baldachin stimmte Rebbe Kowalski, der inzwischen bereits so alt war, daß man seine Arme stützen mußte, die ersten Anrufungen und die Segnung des Weines an, während der Bräutigam mit zitternder Hand versuchte, meiner Schwester den goldenen Ring über den Finger zu streifen. Hell erhoben sich die Gesänge der «sieben Segnungen»: Während der zweite Kelch mit Wein in die Höhe gehoben wurde, sprach der Rabbiner mit seiner unschönen Stimme von Brüderlichkeit, Jubel, Freude, Frieden und Freundschaft – Worte, die seltsam klangen in jener Welt, in der dies alles unter dem Einsatz von Kanonen zunichte gemacht wurde. «Gesegnet seist du, o Herr, der du den Bräutigam zusammen mit der Braut erfreust.»

Am Ende, nachdem gemeinsam aus dem Becher getrunken worden war, wickelte Hoffman ein Tuch um das Glas und warf es zu Boden, um es zur Erinnerung an die Zerstörung des Tempels mit einem kräftigen Tritt des Absatzes zu zerbrechen und damit von jener Verbindung die bösen Geister fernzuhalten.

In der Stille des feierlichen Augenblicks gab der Absatz ein dumpfes Geräusch von sich, aber der Kelch blieb unter dem Tuch, das ihn bedeckte, heil und ganz, vielleicht, weil er aus Krowicer Glas hergestellt war, das für Behandlungen dieser Art zu stark war. Unter den

Anwesenden erhob sich ein Hauch von Verlegenheit, während Hoffman Hania mit einem verzerrten Lächeln ansah wie jemand, der sich lieber an einem anderen Ort befunden hätte. Trotzdem verlangten die Tradition und der Augenblick von ihm dieselbe Verantwortung wie in seinem künftigen Eheleben, nämlich die Verteidigung und den Angriff auf die Feinde und die Widrigkeiten. In diesem Geist hob der Bräutigam zögernd zum zweiten Mal den Absatz über diesem symbolischen Gefäß, das sich, jeder Metaphorik zum Trotz, weiterhin als hartnäckig und beständig erwies. Alle Blicke der Gäste waren bereits auf den Knöchel des nunmehr blassen und schweißgebadeten Hoffman gerichtet. Der Fuß hob sich wieder, ein drittes, ein viertes und ein fünftes Mal, und erinnerte die meisten an den hämmernden Rhythmus, den man einst in den mächtigen Erdölquellen der Tyśmienica so bewundert hatte.

Der Becher hielt immer noch stand, bis Hania, hysterisch – «Verfluchter, ich lasse nicht zu, daß du mein Glück zerstörst!» – schreiend und wild ausschlagend, dem Gegenstand einen kräftigen Fußtritt versetzte und ihn so in Scherben schlug.

Das ungewöhnliche Ende des *Masel tow* löste, über die Zweideutigkeit bezüglich des Adressaten des Schreis der Braut hinaus, allgemeine Verlegenheit aus. Nur der Geistesgegenwart meines Vaters war es zu verdanken, daß diese sich in nichts auflöste, als er dem Ausruf seiner Tochter das folgende, unwahrscheinliche Bibelzitat anfügte: «Es steht geschrieben: Was der Mann nicht macht, soll die Frau machen», womit er die Anwesenden, Rebbe Kowalski inbegriffen, zu einem abschließenden und allgemeinen «So sei es!» zwang.

5

*Was für eine Zukunft für unsere Kinder? –
Tropfen und Wasserleitungen – Die Entdeckung
eines Freundes – Jakubs versalzene Seele*

Durch Hanias Heirat änderte sich nicht viel. Die Eheleute bewohnten zwei Zimmer des großen Hauses und behielten ihre früheren Rhythmen und Gewohnheiten bei: Hoffman arbeitete weiter zusammen mit meinem Vater an ihren geheimnisvollen Projekten und entfernte sich von Zeit zu Zeit, um seine Seile zu verkaufen; die kriegerischen Ereignisse schienen seine Geschäfte auf irgendeine Weise belebt zu haben. Die geniale Erfindung des Gummiseils schien für meinen Schwager, seine so diskrete und gequälte Persönlichkeit, die Hoffnung auf eine glorreiche Zukunft aufschimmern zu lassen.

Mein Vater fuhr mit seinen Studien über das Salz fort, und obwohl er sich mit der Zeit über seine Fortschritte sehr zufrieden zeigte, paßte das nicht zu seiner äußeren Erscheinung, die uns Angehörigen zunehmend Sorgen bereitete. Vor allem meine Mutter beklagte sich über den intensiven Salzgeruch, den er im Laufe der Tage in einem Maße ausströmte, daß sie nachts, wenn sie neben ihm lag, oft mit einer Kehle erwachte, die von jenem starken Geruch kratzte, und große Mengen Kamillen- oder Malventee trinken mußte, um dieses Brennen zu lindern.

Aber eine andere Sorge lenkte uns von den Kuren

meines Vaters ab. Hania war vielleicht die einzige, die die Heirat verändert zu haben schien, wenn auch nur dadurch, daß ein Hoffman, der ebenso zitterte und verlegen war wie an dem Tag, an dem er die feste Absicht bekundet hatte, sie zu ehelichen, sich wenige Monate nach der Hochzeit vom Tisch erhob und den Anwesenden mitteilte, daß seine Frau ihm in Bälde ein Kind schenken werde.

Dieser Umstand, gesegnet von den Gebeten meines Vaters und den unvermeidlichen Tränen Danutas und meiner Mutter, gab anfangs Anlaß zu großem Stolz seitens der Schwangeren, die sehr rasch in die Rolle der jungen Mutter in Erwartung des Erstgeborenen schlüpfte. Nach den erfahrenen Ratschlägen der Hausfrauen beeilte sie sich, den Laden aufzusuchen, um die Ausstattung vorzubereiten, und sich zu instruieren, indem sie mit schöner Handschrift die Vorschläge und Ansichten in dieselben Hefte vermerkte, die ihr einst zur Sammlung von Vogelbeinen gedient hatten.

Aber kaum zeigten sich die zerstörerischen Wirkungen des Wachstums des neuen Hausbewohners unter der augenfälligen Gewichtszunahme, dem Breiterwerden der Hüften und dem Auftreten von Geschwülsten und Schwangerschaftsstreifen, brach die ganze Freude, mit der sie die ersten Wochen ihrer Schwangerschaft verbracht hatte, in sich zusammen, und machte hysterischen Ausbrüchen und Depressionen Platz, die das Leben der ganzen Familie beeinträchtigten.

Der arme Hoffman schwand dahin und wurde immer kleiner angesichts der Schmähungen, die Hania ihm vom Bett aus, das sie, weil sie nicht mehr herzeigbar war, nunmehr selten verließ, entgegenschleuderte. Sie richteten sich gegen jeden Aspekt ihres Gatten, gegen seine ganze Person, und lieferten über jeden Versuch einer

Spekulation hinaus ein für allemal eine eindeutige Erklärung dafür, wer der tatsächliche Adressat jenes grausamen Schreis war, mit dem die Braut den Hochzeitsbecher zerbrochen hatte.

Die Situation verschlimmerte sich noch, als Doktor Levi, der um Rat gebeten wurde, mit friedvoller Gelassenheit darlegte, daß der Samen vom Herrn, dank sei seinem Namen, zweifach gesegnet worden sei, und erklärte, die Unersättlichkeit der Schwangeren und das Bersten ihrer Formen seien auf die zweifelsfreie Tatsache zurückzuführen, daß es sich um eine Zwillingsgeburt handelte.

Diese Nachricht verstärkte nicht nur die Niedergeschlagenheit des künftigen Vaters, der von einem Augenblick zum anderen mit einer ungeahnten Vergrößerung der Familie belastet wurde, sondern stürzte Hania gänzlich in Depressionen.

Zu diesem Zustand der Verwirrung trugen in gewisser Weise auch die Meinungen bei, die Jakub äußerte: Inzwischen war er von seinen Salzstudien so verhext, daß er der schlechten Bewirtschaftung der Küche offen die Schuld an einem solchen Vorkommnis gab, das man, in anderen Zeiten, als Vorboten eines Zeitalters des Wohlstands für die ganze Familie akzeptiert hätte.

«Aber was für eine Zukunft!» fluchte jetzt das Familienoberhaupt bei seinen Sabbatsegnungen, «was für Möglichkeiten für diese Welt, die sich unter Kanonendonner selbst zerstört, jetzt, da sich das Feuer der Eroberung und der Anmaßung bereits der Köpfe bemächtigt hat! Wo der Barbar gegen den König aufbegehrt, wo der Kaiser unter den Schlägen derjenigen strauchelt, die er einst allein mit seinem Bild in Furcht und Schrecken hielt! Was für ein Schicksal für unser Land, zerstückelt und zerrissen, und für unsere Kinder, versprengt und ausgehungert?» Und zum Abschluß seiner apokalyptischen Reden machte mein Vater vor allem eine unzulängliche Verteilung salzhaltiger Substanzen in der Nahrung der Völker für alles verantwortlich und warf so einen düsteren Schatten über die bereits bedrückende Atmosphäre unseres Hauses.

Ich meinerseits hörte auf den Rat meines Bruders, der mich überzeugt hatte, die Kaiserliche Technische Hochschule in Lemberg zu besuchen, und deshalb war ich dorthin gezogen und hatte bei Frau Reisenberg Quartier genommen. Die Schule war grauenhaft, ein hoher weißer Katafalk, erbaut nach den imposanten Regeln des Klassizismus, außen so pompös wie im Inneren leer und öd. Beim Betreten fühlte ich mich wie ein Tropfen, der in eine stillgelegte Wasserleitung fällt, mit Echos und Schimmel, Feuchtigkeit und Krusten an den Wänden. Meine Kommilitonen rannen davon wie andere Tropfen, in der Absicht, die strenge habsburgische Disziplin und die Sorgen mit einem Krieg zu überleben, der wohl früher oder später auch hier einmal auftauchen mußte. In all jenen Herbstmonaten erinnere ich mich an keinen einzigen Tag, der nicht grau und finster gewesen wäre, wie es sich eben für einen Tag geziemt, den man im Inneren einer Rohrleitung verbringt.

Die Vorlesungen wurden in hallenden Riesensälen abgehalten, wo die Professoren versuchten, uns mehr oder weniger bewährte Vorstellungen über die Kunst beizubringen, Holz zu schneiden, mit Farben und Lacken umzugehen, Materialien und Techniken nach unserer Phantasie anzuwenden. Aber wie als Kind bemühte ich mich, am Ende eines anstrengenden Tages, den ich damit zugebracht hatte, meine Zeichnungen auf ein Blatt zu zwängen, in die Welt zurückzukehren, indem ich versuchte, meine Buntstifte ordentlich in jene Kästen zu legen, in denen sie die Nacht verbrachten.

Die einzige Freude, die mir jene grauen Tage in Lemberg bescherten, war die Bekanntschaft mit Władysław, der sich, zusammen mit seinen hoffnungsvollen Worten in meine Zeichnungen einmischte. Ihm allein gelang es, sich zwischen die strenge Disziplin jener Straf- und Lehranstalt und meinen Wunsch zu schieben, die Worte von allein laufen zu lassen, ohne die bellenden Vorschriften des habsburgischen Regimes.

Professor Polański hatte mir meine Skizze aus der Hand gerissen, war auf das Podium gestiegen und hatte vor der ganzen Klasse seine Verachtung für die wirren und, wie er sich mit verzogenem Mund ausdrückte, impressionistischen Striche herausgeschrien, mit denen ich das gestellte Thema, ein Bild vom eigenen Land, ausgeführt hatte. Vor der Klasse hatte er mit dem Finger auf mich gezeigt und über meinen Anspruch gespottet, die Welt nach meiner Vorstellung wiederzugeben, Menschen mit verzerrtem Blick in riesigen Köpfen, die auf schwache, belanglose Körper aufgepflanzt waren. Kleine fade Figürchen ohne Kraft und Stärke, Männer, zur Hälfte Tiere, die um zierliche Frauen – Pariserinnen vom Typ her – herumscharwenzelten. Ob ich vielleicht Sehnsucht nach Frankreich hätte? Nach demselben Frankreich, das die Souveränität des Reiches untergrub? Und dies sollten die Männer meines Landes sein? Kraftlose, kriecherische Männer, unfähig, irgend etwas zu verteidigen?

Allein unter allen und während ich die Stückchen der infolge der Kaiserlichen Wut Professor Polanskis vernichteten Pappe einsammelte, spürte ich auf der Schulter eine Hand und hörte Władysław mit ruhiger Stimme die Worte des großen Dichters zitieren:

> So haben sie sie gemalt; einer vor allem,
> Der seine Sehnsucht von der Sonne holte,
> Für ihn machte jedes Geheimnis sie reifer,
> Reiner, umfassender im Schmerz:
> Für ein Leben war er wie einer, der weint,
> Und sein Weinen ergießt er in seine Hände.

Nachts, still im kalten Bett im Hause Reisenberg liegend, träumte ich von Tieren, von der Rentierherde, die ich so oft in meiner Kindheit durch die Floriańska, unbeeindruckt von Wagen und Passanten, hatte laufen sehen. Sie rannten durch die Sümpfe der Tyśmienica auf Drohobycz zu, und hinter ihnen her Professor Polanski, herausgeputzt in einer Kaiseruniform und glänzenden Stiefeln. Die Rentiere flüchteten flink auf die Stadt zu, sprangen über die Hindernisse hinweg und entfernten sich von dem Mann mit seiner großen Pistole. Nur eines blieb zurück, nur ein verletztes Rentier blieb vor dem Professor stehen und senkte den blutenden Nacken, um die Kratzer auf seinen Stiefeln zu betrachten.

Still beugte es das Haupt, um den Todesschuß zu empfangen.

In den ersten Januartagen rief mich ein Telegramm eilends nach Hause. Lakonisch hieß es darin, daß es meinem Vater nicht besonders gut gehe.

Tatsächlich traf ich ihn im Bett liegend an, ausgetrockneter und blasser als zuvor, unter völliger Ermattung leidend.

Wie mir meine Mutter und Danuta mitteilten, hielt Doktor Levi den Stoffwechselhaushalt meines Vaters für unausgeglichen und gefährdet. Seine mysteriösen Studien über das Salz hatten ihn zu einer rigorosen und absurden Lebensführung veranlaßt, der zufolge diese

Substanz nicht mit dem Essen, sondern nur über die Haut aufgenommen werden durfte. Aus dem verzweifelten Mund dieser beiden Frauen erfuhr ich von den Komplikationen, zu denen sie diese seine Wahnvorstellungen bei der Zubereitung der Speisen gezwungen hatten. Mein Vater verbrachte bereits viel Zeit bei seinen Versuchen, den koscheren Nahrungsmitteln Salz zu entziehen, ehe er sie an die Küche weiterleitete. Unter Tränen und Schluchzen hörte ich von den Bädern in Salzlake, denen sich Jakub täglich unterzog, ungeachtet der Meinung derer, die diese für überaus schädlich hielten. Tatsächlich hatte sich seine Haut im Laufe der Zeit verhärtet, sie hatte ihre Elastizität verloren, sich ausgedehnt und war schließlich an mehreren Stellen aufgesprungen und hatte schmerzhafte Wunden aufgerissen, die unheilbar waren, weil das ständige Auflegen von Salzumschlägen keine Narbenbildung zuließ.

Doktor Levi hatte sich geweigert, dem Patienten weiterhin bei diesen unsinnigen, irrationalen Übungen zu folgen. Ein letztes Mal versuchte er, den Weg logischer Argumentation zu beschreiten, und schloß sich mit Jakub in ein Zimmer ein, wo sich zwischen ihnen eine intensive und heftige Diskussion entspann, die einen ganzen Tag lang dauerte und nach deren Ende sich der Arzt müde und zerzaust und mit bestürzter Miene für immer von der Familie verabschiedete.

«Wenn es in alledem eine Logik gibt», sagte er im Weggehen, gleichsam vor sich hin murmelnd, «dann die, daß dieser Mann härter ist als Stein. Ich fürchte, diese vielen Studien über das Salz geben vielmehr einen Hinweis darauf, daß im Schädel des armen Jakub ein Mangel an demselben herrscht.»

Mein Vater lag bereits in den letzten Zügen. Neben seinem Bett waren in perfekter Unordnung die Bücher und die Destillierkolben, die Papiere und die heiligen Texte verstreut, die sich in den letzten Wochen in sein einziges Bedürfnis verwandelt hatten. Mit einer schwachen Handbewegung winkte er mich zu sich heran, und ich mußte mich überwinden, um mich dem Verfall seines gepeinigten und vom Salz gefleckten Körpers auszuliefern.

«Ich habe nicht versagt, mein Sohn. Der Schein der Welt ist nichtig. Der Herr, gesegnet sei sein Name, verwandelte seine Feinde in Salzsäulen, und dennoch liegt, erinnere dich daran, im Salz die Weisheit», flüsterte er mir ins Ohr. Seine verdorrten Lippen wiederholten die Wendung mit dem Salz der Weisheit; sie klang immer schwächer, bis der große Vogel, der mich am Tag meiner Geburt begrüßt hatte, auf das Bett niederstieß, um seine verbrannte Seele zu holen, und sich vom Fensterbrett für alle Zeiten zu seinem Flug aufschwang.

ZWEITER TEIL

1

*Das Ende einer Epoche – Der Laden wird geschlossen –
Ein schweres Erbe – Die Wasser fließen herab –
Hoffmans Gummiseil*

Der Tod meines Vaters versetzte Drohobycz in einen Zustand tiefer Niedergeschlagenheit. Die Hunderte von Menschen, die unser Haus während der sieben Tage der Schiwa bevölkerten, begnügten sich nicht damit, uns Brot und hartgekochte Eier zu überreichen und mit ehrerbietigen Worten des Verstorbenen zu gedenken. Jeder brachte vielmehr das Gefühl mit, daß mit dem Kaufmann ein Stück des eigenen Leibes dahingegangen sei, daß jeder von uns nicht die Erinnerung verloren habe, die in den Trauerreden und in der Synagoge heraufbeschworen wurde, sondern vielmehr einen Arm oder ein Bein oder sogar einen Teil der eigenen Seele.

Wenn ich jetzt die Dinge in einer weniger zufälligen Ordnung betrachte, als sie das Alltagsleben bietet, erscheint es mir überaus klar, daß der Tod meines Vaters sich so auswirkte, als würde sich der Wille selbst auf irgendeine Weise auflösen – gleichsam durch eine Art unsichtbarer Weiterleitung eines Befehls. Oder, besser noch: wie wenn in der ganzen Hemisphäre die Mattigkeit des Tages am Abend plötzlich auf die Beine der Menschen herabstürzte und sie zum Ausruhen zwänge. So kam es, daß damals eine Reihe von Ereignissen stattfand und einige Personen und Lebensweisen von jener Bühne abtraten.

Die erste Folge des Hinscheidens meines Vaters war die Schließung des Ladens: Ohne die irdische Fähigkeit seines Kaufmanns, einzig und allein dem untauglichen Blick der Verkäufer und meiner Unfähigkeit überlassen, an so etwas wie ein Geschäft auch nur zu denken, schrumpfte er zusammen wie eine Pflaume, die man an der Sommersonne trocknen läßt. Er schien keine Kunden mehr anzulocken; von außen sah es so aus, als verschließe er sich, während sich in seinem Inneren Abgründe ganzer Wüsten auftaten und denselben ungesunden Eindruck machten wie ein Mund, dem einige Zähne fehlen. Selbst sein Geruch veränderte sich, und der samtene Duft frischgewebter Stoffe verlor sich in dem unangenehmen Geruch nach altem Staub, vermischt mit einer süßlichen Note schlecht gegerbten Leders, welche in jeder Hinsicht auf eine einsetzende Verwesung hindeutete.

Sobald die Bestände aufgebraucht und die letzten Ladenhüter ausgeräumt waren, wurde an einem denkwürdigen Abend, an dem die ganze Floriańska eine Kerze anzündete, als müsse sie eine Familientrauer abhalten, die Schließung des Ladens angeordnet.

László kam mit dem Hauptbuch unter dem Arm ins Haus, gefolgt von Tadeusz, der sich offensichtlich im Aquavitrausch befand. Beide erklärten mit geröteten Augen und unsicherer Stimme den definitiven Stand der geführten Bücher und der Lagerbestände. Danach verabschiedeten sie sich unter einigen Tränenausbrüchen und Umarmungen, die die empfindsame Seele Danutas für die kommenden Monate in Verzweiflung stürzen sollten.

Am folgenden Tag wurde die Übertragung der Immobilie an Herrn Hertz, einen Deutschen aus Bremen, unterzeichnet. Dieser war, vom Genius des Fortschritts inspiriert, bis in diesen Winkel vorgedrungen, in der vorausschauenden Absicht, eine Autowerkstatt zu eröffnen, um den Automobilisten zu dienen, die damals noch selten durch unsere Gegenden fuhren, sich aber in künftigen Jahren wie die Pilze vermehren würden.

In der darauffolgenden Woche fuhren vor den Augen der gesamten Nachbarschaft ein paar Wagen vor dem Geschäft vor, um die Räume zu leeren. Das Haupttor wurde geöffnet, und ich trat in der Begleitung von Hertz ein, um die Ausräumarbeiten zu überwachen. Das Licht sickerte genauso spärlich ein wie damals, als ich zum ersten Mal jenen Tempel betrat, nur daß die Wände jetzt kahl waren und die Schritte nüchtern zwischen den Wänden widerhallten, welche der Stoffe beraubt waren, die sie so viele Jahre lang ausgekleidet hatten. Auf der Tür sah ich in schöner Ordnung die Ameisen, die Marienkäfer und die kleinen Eidechsen, die zwischen den Ritzen des Ladentisches gelebt hatten, durch das Spalier der Menge ausziehen; ab zogen die Hirsche und die Antilopen; es verschwand der Kormoran, der die Tage zusammengekauert hinter dem Rücken meines Vaters verbracht hatte, und als letztes das verwundete Rentier. Es trat wie immer aus dem Dunkel hervor und richtete einen letzten traurigen Blick auf den Schrank, hinter dem es seine Tage zugebracht hatte. So zogen sie von dannen, auf die Ebene zu, wahrscheinlich auf der Suche nach jemandem, der endlich Lust hatte, sie zu jagen.

Im Hinterraum warteten in schöner Ordnung die Modepuppen, dieselben, die in den nunmehr weit zurückliegenden Tagen des Glücklichen Zeitalters versucht hatten, einen Hauch Paris nach Drohobycz zu bringen. Sie hatten Jahre gewartet, inzwischen nackt, und weder Tüll noch aberwitzige Makrameestoffe umhüllten ihre glatten, polierten, perfekten Körper. Auf diese Weise zusammengedrängt, wie ein kleines Heer, das sich anschickt, einen Traum zu verteidigen, sahen sie uns an wie lauter kleine Golems, die auf ihre Geburt warteten. Sogar Hertzens positivistischer Geist ließ sich von diesen starren und sanften Blicken rühren, und unser anfänglicher Vorschlag, sie in irgendein altes Trödlermagazin zu schaffen, wurde sofort als Vernichtungsaktion verworfen. Wehrlos und dennoch entschlossen überredeten sie mich mit ihren entspannten Gesichtern, sie bei mir zu behalten, und zwar in den Räumen des Erdgeschosses des alten Hauses, in jenen Zimmern, wo Herrn Boscos Zauberkunststücke und das Lachen meines Vaters mir, in einer bereits fernen Zeit, suggeriert hatten, daß die Träume einen Sinn haben könnten.

Während derselben Tage, in denen das Ende des Ladens zelebriert wurde, griff ein weiteres betrübliches Ereignis in das Leben unserer bereits schwergeprüften Familie ein. An die Tür des Hauses klopfte am frühen Morgen ein vornehmer Herr, stellte sich als Rechtsanwalt Schlegel aus Krakau vor und verlangte dringend Herrn Hoffman zu sprechen.

Sobald man ihn empfangen hatte, unterrichtete der Anwalt mit jenem liebenswürdigen, aber übertrieben formalen Gehabe, wie es für die Rechtsberufe typisch ist, meinen Schwager über eine Reihe schwerwiegender Probleme im Zusammenhang mit seiner Familie und deren Bankanstalt.

Blaß und zitternd, neben mir auf demselben Diwan sitzend, wo er die Abende hindurch mit seinem verstorbenen Schwiegervater diskutiert hatte, erfuhr Hoffman, wahrscheinlich wie in einem unheilvollen Alptraum, von dem unerwarteten Tod seiner Eltern: Nachdem sie sich in der erklärten Absicht, sich den Klauen des europäischen Krieges zu entziehen, auf dem Ozeandampfer *Lusitania* eingeschifft hatten, waren sie in die Tiefe des Ozeans versenkt worden von ebenjenem preußischen Geist, der die schrecklichen Unterseeboote gebaut hatte, welche für diese Katastrophe verantwortlich waren.

Der tragische Tod des Bankiers und einige Operationen, die durch den Krieg auf unvorhersehbare Weise kompliziert worden waren, hatten das Kreditinstitut Hoffman mit derselben Geschwindigkeit in den Abgrund gezogen, wie dies mit dem englischen Ozeandampfer geschehen war. Nachdem Schlegel dies mitgeteilt hatte, entschuldigte er sich und wies auf die objektiven Schwierigkeiten hin, welche sich bei der Feststellung des neuen Wohnsitzes des einzigen Erben der Familie ergeben hatten. So erklärte er die Verspätung, mit der er erst jetzt über den Stand der Dinge aufgeklärt werden konnte, und verband damit die tiefempfundene Anteilnahme der gesamten Kanzlei Schlegel & Schmudel. Allerdings bestehe ein beträchtlicher Geldmangel, der eine dringende Intervention des einzigen verbliebenen Hoffman erforderlich mache.

Mein unglücklicher Schwager stellte sich dieser schrecklichen Situation mit großer Würde und versicherte mehrfach, die Schulden innerhalb der vom Gericht eingeräumten Frist von drei Monaten abzuzahlen, und ließ sich keine andere Auswirkung seiner Verzweiflung anmerken als ein erklärliches Zittern der Hände und eine augenfällige Blässe.

Nachdem der unselige Schlegel verabschiedet worden war und ich mich fragte, welche Ressourcen Hoffman aufbringen könne, um eine so tragische Situation zu meistern, sprach er, gleichsam, als hätte er meine Frage geahnt, mit einem auf einen unbestimmten Punkt der Tapete gerichteten Blick, jenen Satz aus, der sich später als prophetisch erweisen sollte: «Die einzige Lösung liegt im Gummiseil.»

Meine Schwester stand inzwischen kurz vor der Entbindung, und dieser Umstand erschwerte insofern die häuslichen Aktivitäten, als er meine bereits durch den Tod ihres Mannes und die Schließung des Ladens schwer geprüfte Mutter zur höchsten Aufmerksamkeit und ständigen Pflege zwang. Hoffman, der für jede effiziente Hilfe vollkommen ungeeignet war, verhielt sich wie ein Ehrenmann, machte nicht die geringste Anspielung auf die ihm von Schlegel eröffnete besorgniserregende Situation, und ich meinerseits hielt es für angebracht, ebenfalls keine entsprechenden Andeutungen zu machen, sondern unsere gesamten Kräfte auf die bevorstehende komplizierte Geburt zu konzentrieren.

Am schwierigsten daran war, Hanias übliche hysterische Schreie von jenen ungewöhnlichen zu unterscheiden, welche durch die Kontraktionen ihres Leibes ausgelöst wurden. Wenn man der Gebärenden zuhörte, so war jedes Brüllen von einem grausamen Vorgang verursacht, der ihr die Eingeweide zerriß und sie ohne jedes Erbarmen umbringen und eine Schar kleiner unglücklicher Waisenkinder namens Hoffman zurücklassen würde.

So sah sich die geduldige Danuta zu regelmäßigen Inspektionen des Unterleibs der Schwangeren genötigt, um sich über den tatsächlichen Stand der Dinge in Kenntnis zu setzen; dabei versuchte sie, sich nicht allzusehr von dem Geheule der jungen Frau, ihren ständigen Bitten um Gespräche mit dem Rabbiner, um letzte

Beichten und besänftigende Segnungen beeinflussen zu lassen.

Hania hatte übermäßig zugenommen, mehr als dreimal soviel wie im Verlauf einer normalen Schwangerschaft – auch der angekündigten von Zwillingen. Ihr Gesicht hatte sich in einen einzigen Triumph gekräuselten, roten Fleisches verwandelt, aus dem der Mund herausstach, der bald offenstand, um Schreie und Schmähungen auszustoßen, bald für Gebrummel und verzweifeltes Flehen zugepreßt wurde. Die Pflege ihres Körpers war eine anstrengende Angelegenheit, die nur die Liebe einer Mutter und die blinde Ergebenheit Danutas ertragen konnten. Hier nun war die ungeahnte Kreativität des Ehemanns von Nutzen, die er mit dem Entwurf und der Anfertigung eines ebenso einfachen wie aufwendigen Gestells voller Flaschenzüge und Rollen unter Beweis stellte; dank der Qualität seiner an diesem komplizierten Apparat angebrachten Gummiseile war es möglich, die Schwangere für die Verrichtung der täglichen hygienischen Bedürfnisse ohne allzu große Mühen zu bewegen. Wer Gelegenheit hatte, diese Vorrichtung in Augenschein zu nehmen, zweifelte keinen Augenblick an der Haltbarkeit dieser Seile, auch wenn er nie und nimmer hätte ahnen können, für welche tragische Bestimmung dieses vielseitige Seil von seinem Erfinder vorgesehen war.

Inmitten all dieser Schwierigkeiten gelang es dennoch, die Nacht zu erreichen, in der sich dann Hanias Schreie endlich mit denen Danutas vermischten, die, gleichsam in einem blasphemischen biblischen Ausruf das Haus mit einem wiederholten: «Die Wasser fließen herab!» aufweckte.

Hoffman lief in höchster Erregung, die Hebamme zu holen, denn der wegen der bekannten Vorfälle beleidigte

Doktor Levi hatte jede Art professioneller Beziehungen mit unserer Familie abgelehnt. Mit sanfter Ruhe traf Mame Rosenzweig ein, die auf ihren kolossalen, an dorische Säulen erinnernden Beinen ihre neunundsiebzig Jahre in das Zimmer schleppte, in dem Hania schreiend und weinend wehklagte und die halbe Floriańska erschauern ließ.

Im übrigen sprach man in Drohobycz noch lange von dieser Nacht; man erzählte sich auf der Straße Anekdoten und Einzelheiten, die, wie immer, von Mund zu Mund weitergereicht, voller ungeheurer Übertreibungen den Weg zurück in unser Haus fanden. In Wirklichkeit eine widersinnige Sache, denn jenes Ereignis hatte selbst genug Ungeheuerliches an sich – angefangen bei dem Tonnengewicht der Wöchnerin, und ganz zu schweigen von den Beinen der Hebamme, der Dauer der Wehen und dem Resultat.

Von makabren und gewollt höflichen Details abgesehen, berichteten die Klatschgeschichten von einem blutigen Ereignis mit einem schwierigen und mit Sicherheit unvergeßlichen Ausgang. Sie erzählten von dem ständigen Durchreichen von Eimern mit kochendem Wasser, die Danuta und die anderen Frauen, die für diese Gelegenheit angestellt worden waren, in das Zimmer trugen und wieder herausbrachten, mit einem gräßlichen Violett gefärbt, das sogar die Störche, die auf unseren Schornsteinen kauerten, erschreckte. Sie erzählten von der Mühe, die Mame Rosenzweig hatte, welche nach Beendigung ihrer Arbeit erklärte, von Wehen, Geburtszangen, Nabelschnüren und Neugeborenen die Nase so voll zu haben, daß sie sich in eine würdevolle Ruhe zurückziehen werde, um sich um ihre Krampfadern zu kümmern, die wie Efeu an den Wänden ihrer enormen Beine emporrankten. Sie erzählten von Hanias Geschrei, das sich nach sechsstündiger Anstrengung bereits in ein verzweifeltes Keifen verwandelt hatte: Selbst die weniger Empfindlichen, das heißt diejenigen, die beschlossen hatten, jenem Ereignis bis zuletzt beizuwohnen und mit der Gebärenden oder für sie zu beten und zu pressen, Psalmen und die Überlieferung aufzusagen und zu erörtern – nun, auch diese Unerschrockenen sahen sich gezwungen, die Hände gegen die Ohren zu pressen und alte jiddische Kinderreime vor sich hinzuleiern, um sich vor allzu großer Pein zu schützen.

Schließlich erzählte man von den Kindern, von sechs Neugeborenen, die in jenen neun endlosen Stunden dank der ganzen Hebammenkenntnisse, die sich Mame Rosenzweig in den beinahe sechzig Jahren Umgang mit den Unterleibern von ganz Drohobycz erworben hatte, aus Hania herausgezogen wurden. Herausgezogen war das passendste Wort, denn wie diejenigen bezeugten, die körperlich an der Geburt mitarbeiteten, präsentierten sich die Föten in allen sechs möglichen Positionen, die die abendländische Gynäkologie bis dahin aufgelistet hatte, doch entsetzlich kompliziert durch die Schnüre, die sich zwischen ihnen so unentwirrbar verheddert hatten, daß es selbst die Geduld der alten erfahrenen Hebamme überstrapazierte. Hier kamen die Kenntnisse meiner Mutter in Sachen Knoten zur Geltung, die sich zum ersten Mal mit der Verantwortung konfrontiert sah, die Großmutter dieser ineinander verwickelten Enkel zu sein. Sie saß auf der Bettkante und führte Mame Rosenzweig die Hände bei der kniffligen Operation; sie knüpfte auf, was aufknüpfbar war, und zeigte ihr, wenn klar war, wo der Anfang der Schnur war, die Stelle, wo sie zu schneiden hatte.

Aus diesem ganzen Wirrwarr wurden sechs Föten geborgen, aber nur das Geschrei von drei Säuglingen mischte sich unter das ihrer Mutter und der Anwesenden. In diesem Augenblick schwankten wir zwischen dem Wunsch, die drei Lebendgeborenen zu feiern, und der Pflicht, die drei Toten zu betrauern, hin und her. Da kam uns die gebieterische Stimme von Rebbe Kowalski zu Hilfe. Fast wie eine Vorahnung brachte er das Publikum zum Schweigen, indem er die folgenden heiligen Worte zitierte: «Es steht geschrieben: Gott gibt, und Gott nimmt. Gesegnet sei der Name des Herrn, und so sei es.» Nie gab es einen weiseren und wahrhaftigeren Satz, und als letzten Beweis für die Festigkeit, mit der jener heilige Mann unsere Gemeinde in all diesen schwierigen Jahren geführt hatte, sandte Rebbe Kowalski in den ersten Stunden desselben Morgens seine Seele zum Himmel und bestätigte und bewies so durch die vollendete Tatsache das, was er uns mit Worten hatte erklären wollen.

Das zweischneidige Ereignis von Hanias Niederkunft und der unerwartete Tod des Rabbiners hatten in der ganzen Floriańska eine tiefe physische Erschöpfung und eine besondere Verwirrung der Gefühle zur Folge. In dem sich daraufhin ergebenden organisatorischen Durcheinander überschnitten sich die Trauerzeremonien mit den Feierlichkeiten für die Lebendgeborenen, und so gestaltete sich ein Augenblick, der sicherlich tiefergehende Überlegungen erfordert hätte, äußerst ungeordnet. Doch allen war klar, daß nun zwischen jenen alten Häusern, die die Jahrhunderte und die Ereignisse überdauert hatten, eine andere Atmosphäre herrschte.

Die Nachrichten von der Front sprachen von einem Krieg, der sich wie eine hartnäckige Eiterwunde ausgebreitet hatte, und ließen nichts Gutes ahnen. Die Truppen der Mittelmächte schienen nicht mehr so unbesiegbar wie einst: Neue Apparaturen und neue Grausamkeiten waren imstande, in den Schützengräben die Soldaten büschelweise niederzumähen, dieselben Soldaten, die früher lediglich mit dem Bajonett zwischen den Zähnen Hindernisse aller Art aus dem Weg geräumt hätten. Aus dem nahen und ewigen Rußland wurde dumpf kolportiert, daß die Situation dort an einen Topf erinnerte, in dem es brodelt und der vom Feuer nach oben gedrückte Schaum überläuft.

Wie immer sagte Drohobycz nichts, niemand kommentierte jenen Todesgestank, der sich in Europa bereits festgesetzt hatte. Wie die neuen chemischen Waffen kam er, schlich sich wie ein Gas bis zu uns und begann, jene Spur von Toten hinter sich herzuziehen, die unser Leben für lange Zeit zeichnen sollte.

Sobald nach der ganzen Aufregung der Entbindung wieder eine gewisse Ordnung eingezogen war, hatte Danuta die Zügel des häuslichen Lebens erneut in die Hand genommen und bemühte sich, angesichts der Müdigkeit meiner Mutter und der Depression, die Hania befallen hatte, von möglichst großem Nutzen zu sein. Tatsächlich schleppte sich meine königliche Schwester nach der Mühsal ihrer Niederkunft zwischen Bett und Sessel hin und her, erschöpft von den frenetischen Rhythmen des wiederholten Stillens, von dem nächtlichen Geschrei der Neugeborenen und ihrem ständigen Bedürfnis nach Säuberung und Beachtung. Obwohl ihr die anderen Hausfrauen halfen, hatte Hania einen starren und stumpfen Blick angenommen, der für ihre und unsere Zukunft nichts Gutes verhieß.

Hoffman versuchte, ihre Wünsche so aufmerksam wie nur möglich zu erfüllen, auch wenn es sich hauptsächlich um Aufträge handelte, für deren Erledigung er denkbar ungeeignet war. Er beeilte sich, Lebensmittelvorräte zu bestellen und, um das Stillen zu erleichtern, notierte er auf verschiedenfarbigen Zetteln – für jedes Kind eine Farbe –, wer von den Säuglingen jeweils an der Reihe war.

Seit Schlegels Besuch war er auf das Problem des Bankrotts des väterlichen Instituts nicht mehr zurückgekommen, aber aus dem gewissenhaften und entschlossenen Verhalten meines Schwagers glaubte ich eine sichere Lösung für seine finanziellen Schwierigkeiten herauszulesen. Im übrigen wußte ich, daß er einen guten Umsatz erzielte, und hatte selbst Gelegenheit gehabt, die hervorragende Qualität des Produkts festzustellen, das bereits im großen Stil abgesetzt wurde, weil die im Krieg kämpfenden Streitkräfte es benötigten.

Doch ich hätte diesen entschlossenen Blick als etwas interpretieren müssen, was überhaupt nicht zu ihm paßte, als die vorübergehende Erleichterung für eine zutiefst bedrohte Seele, das Placebo, das sich jener Mann verabreicht hatte, um sich der endgültigen Bestimmung seiner Gummiseile zuzuwenden.

In der Tat blieb den Polizeibeamten, die kamen, um seine Leiche zu bergen, nichts anderes übrig, als die ausgezeichnete Festigkeit und Dehnbarkeit des Hoffmanschen Gummiseils hervorzuheben, an dem sich der schmächtige Mann erhängt hatte, und zwar unter Einsatz eines komplizierten Apparats mit am Dach der Synagoge angebrachten Flaschenzügen und Gegengewichten. Und so ließ er sich in einem sanften Rhythmus hin und her schaukeln über seinen drei Söhnen, die sich an Hanias Brüste anklammerten, sowie über dem erdrückenden Erbe seiner im Atlantik untergegangenen Eltern und immer noch ein gutes Stück über den Dächern von Drohobycz und der sich im Kriegszustand befindlichen Welt.

2

*Noch ein Todesfall – Die Treppen des Gymnasiums –
Das Genie – Emram, der Worte verschenkt –
Die Abreise einer Dame*

Hania schien von Hoffmans Tod nicht allzusehr berührt worden zu sein und widmete sich den mütterlichen Tätigkeiten in derselben Art wie vor der Tragödie. An meiner Mutter aber ließen sich offenkundige Anzeichen der Entkräftung feststellen: Sie schleppte sich durch die Zimmer in dem verzweifelten Versuch, nicht nur der in regelmäßigen Abständen ausbrechenden Gefräßigkeit ihrer Enkel die Stirn zu bieten, sondern auch der Fülle von Widrigkeiten, die auf unsere Familie eingestürzt waren.

Ich war Zeuge dieser fortschreitenden Zerrüttung, ohne darauf reagieren zu können. In meinem Inneren hatte ich bereits die Entscheidung getroffen, das Studium in Lemberg aufzugeben, um meiner Familie näher zu sein, aber ich war völlig außerstande, diese meine Nähe zu nutzen, um die Woge des Unglücks aufzuhalten. Meine einzige Fähigkeit, auf dieser Welt zu handeln, lag in meinen Zeichnungen, aber in jenen Zimmern, in denen ich geboren wurde, schienen auch sie jede tröstende oder bannende Kraft verloren zu haben. Sie drangen nicht durch Hanias starren Blick, trockneten nicht die Tränen meiner Mutter und nützten nicht einmal mehr Danutas Zeit, die diese inzwischen mit der Unmenge der sie bedrückenden Obliegenheiten verbrachte.

Was dieser beklemmenden Atmosphäre eine zusätzliche Brisanz verleihen sollte, war das Verschwinden meines Bruders, das heißt der Verzicht auf die Chance, noch andere Nachrichten über ihn zu erhalten als jenen kurzen Brief des für die Kaiserlichen Eisenbahnen zuständigen Ministeriums, in dem wir über den Durchbruch der Front auf dem Balkan und den Verlust der in den dortigen Ländern beschäftigten Ingenieure unterrichtet wurden, die nunmehr für vermißt erklärt worden waren.

Die Mitteilung, geschrieben auf blaßblauem Papier und in eleganten gotischen Lettern, las ich der ganzen im Salon versammelten Familie vor. Die Blicke der drei Frauen und das Weinen meiner drei Neffen trafen mich wie das ganze Gewicht, das die Zeit hat, wenn sie beschließt, sich nicht mehr zu bewegen.

Mein Vater war gestorben und hatte das Geschäft hinter sich hergezogen, und Hoffman hatte es ihm mit seinem ganzen Vermögen gleichgetan. Und jetzt war mein Bruder verschollen, und mit ihm jede andere Hilfe, die in unser mitten in diesen Winkel der Welt gepflanztes Haus hätte gelangen können. Was blieb, war ich mit meinen Tieren und meinen nutzlosen Zeichnungen, umgeben von sechs Augenpaaren, die auf eine Antwort warteten.

Der Beschluß, Lemberg zu verlassen, erwies sich für mich als nicht sehr sinnvoll, denn in derselben Nacht träumte ich wieder von der Herde Rentiere aus jenen Nächten, welche ich im Hause von Frau Reisenberg verbracht hatte; noch einmal sah ich, wie sich das verletzte Rentier gefügig dem Jäger mit der Pistole annäherte. Der Mann trug die Uniform der Kaiserlichen Pioniere, trug unter dem Arm Rollen topographischer Karten und mathematischer Berechnungen und hatte das vage Lächeln meines Bruders, der nun auf dem Balkan vermißt war.

Als ich am nächsten Tag vor der Treppe des Kaiserlichen Gymnasiums von Drohobycz eintraf, war ich vom selben Geist erfüllt wie der Auswanderer auf der Mole von Le Havre. Die sieben Stufen, die zur Halle des Instituts hinaufführten, erschienen mir so breit wie die gewaltigen Stufen des Parthenon. Am oberen Ende der Treppe wandte ich mich einen Augenblick lang zu der Seite, wo sich die Stadt erstreckte, auf jenen Platz hin, wo ich viele Jahre zuvor, in der verzweifelten Raserei meines Atems, die Häuser, die Menschen und die Träume derer abgebildet hatte, die hinter den mich umgebenden Mauern lebten. Die Ebene war jetzt voller Getier, bevölkert mit sämtlichen Tieren meiner Nächte. Die Bewohner des Ladens hatten sich dort ein Stelldichein gegeben; die am Rand der Dächer zusammengekauerten Vögel und die Jaguare mit den Menschenköpfen standen still unter der Sonne jenes Morgens. Das ganze Publikum wartete auf eine Geste von mir, all diese vielfarbigen Bilder verlangten eine Entscheidung von mir. Da drückte ich die schwere Tür auf und stellte mich Professor Żywiec vor.

Von jenem Tag an lernte ich, meine Träume mittendurch zu spalten: Ich ließ sie beim schmerzlichen Erwachen am Morgen in der Leere schweben, zusammen mit der schweren Atmosphäre des immer noch trauergeschmückten Hauses. Ich tat meiner Zeit Gewalt an, vergiftete sie mit meinen Abstiegen zum Gymnasium, wo ich mich zwang, in den Kittel des Lehrers zu schlüpfen. Ich sollte Zeichnen unterrichten und erklären, wie man die Linien der Welt zieht, wie man sich nicht verliert, wenn man den unendlichen Linien folgt, die unsere Existenz durchziehen. Ich sollte in die Köpfe und in die Hände jener kräftigen jungen Galizier die Figuren meiner Zeichenstifte und den schweren Atem meiner Träume übertragen.

Damals begriff ich zur Gänze die absolute Leere des Wortes, das meinem Vater an jenem Tag, an dem ich mein auf dem Platz ausgebreitetes Drohobycz geschaffen hatte, von den Lippen geglitten war. Alle meine Linien, die Freude daran, mit Hilfe der Stifte Bilder zu erfinden – jetzt hätte ich sie mit meinen Schülern teilen müssen, als ob ein Falke seine Sehkraft mit der eines Maulwurfs teilen könnte.

Mein Genie bestand nur in der Handvoll abgegriffener Geldscheine des Sekretärs Rosenwitz, die mir jeden Monat ausgezahlt wurden, nachdem ich meine Unterschrift unter die Quittung gesetzt hatte. In meinem Kopf, den ich gesenkt hielt, während Professor Żywiec mich rügte und mir Disziplin und Methode, Methode und Disziplin empfahl. In dem viermal täglich wiederholten Weg von den Stufen des Gymnasiums bis zur finsteren Treppe eines Hauses, das bereits seine Seele verloren hatte, aufgezehrt mit Methode und Disziplin jener Insekten, die es bevölkerten.

Von dieser Art Krankheit infiziert, gab ich das Zeichnen auf, legte meine Linien in die Banalität des Klassenzimmers zurück und ließ meine Tage treiben wie ein Stück Holz, das man in das träge Wasser der Tyśmienica geworfen hat.

In diesem meinen nutzlosen Dahindriften wurde ich wieder einmal vom Frühling überrascht. Und eines Maimorgens prallten die vertrauten Klänge der Geigen und

Gitarren, die die Ankunft der Zigeuner ankündigten, wie ein Schlag gegen mein Ohr.

Wie immer kehrten Jószef und Emram zurück, und einen Augenblick lang schien es mir, als könne die Zeit tatsächlich scherzen und so tun, als sei nichts gewesen und als könne alles wieder seinen alten Lauf nehmen. Daher wunderte ich mich nicht über die Verbeugung des Buckligen und die des Bären, der um ihn herum seine Pirouetten drehte.

«Mein junger Freund», sagte mir dieses stets gleiche Wesen, «ich treffe dich hier sitzend an wie früher und möchte deine Treue mit einer kleinen Empfehlung belohnen.» Er kam näher und flüsterte mir mit seinem zerknitterten Gesicht auf einen Zentimeter Entfernung ins Ohr: «Das Leben, das du siehst, mein Spätzchen, gibt es nicht, es fliegt davon wie ein Windhauch. Davon fliegt der König, davon fliegt die Königin. Es bleiben nur die Worte, nur die Worte der Träume, die uns den Weg weisen und uns begleiten.»

Ach, du junger buckliger Weiser! Wie sollte man weiter zuhören, wie dem Impuls widerstehen, wieder einmal diesen Worten zu entfliehen, die mich wie lästige Fliegen umsummten.

Vielleicht liegt die Wahrheit hierin, in dieser Unmöglichkeit, vor den Worten davonzulaufen, die dir die Seele vollschreiben und die Träume nötigen, sich nachts deiner zu bemächtigen. Deshalb träumte ich damals in derselben Nacht wie einst die Zigeuner, ich dehnte mich wieder aus in den engen Höhlengängen ihrer wandernden Häuser, ich öffnete wieder einmal die Koffer voller ineinander verschlungener Buchstaben. Mit meiner Angst löste ich eine Sturzflut von Worten aus und schrieb die Seiten voll, auf denen ich die ganze Nacht hindurch die Geschichten von Drohobycz erzählte, während Emram und Jószef tanzten und in die Hände klatschten.

Von da an verwandelte ich, dem Rat des Zigeuners Emram folgend, meine Zeichnungen in Linien, vollgedrängt mit Worten. Während ich dem Schlaf seinen Platz raubte, übertrug ich meine Träume auf Papierblätter, geschmückt mit meiner dichten, schwankenden Schrift. Auf diese Weise ließ ich alle meine Tiere, das Leben in der Floriańska und das Glückliche Zeitalter wieder aufleben. Ich beschrieb die Geschichte der Modepuppen und die verworrene Undurchdringlichkeit der Tapeten. Ich verlieh dem Laden, Herrn Bosco und den Riesenfahrrädern neues Leben, und es gelang mir sogar, den Herbst dadurch aufzuhalten, daß ich den Seiten seine Geheimnisse enthüllte.

Im Schutz der Worte schien auch das Haus inmitten all der Wunden, die es verändert hatten, sein Gleichgewicht zu finden. Vor der Müdigkeit und Unbeweglichkeit meiner Hausgenossen rettete sich nur Danuta: Abends, wenn es der Schwere des Dunkels gelang, meine Neffen, die noch Kleinkinder waren, zu beruhigen, schloß sie sich in ihrem Zimmer ein, um mit Kleidern und Reisetaschen herumzuhantieren, und ignorierte meine Ironie, mit der ich ihr davon abriet, sich eine Aussteuer für die Hochzeit herzurichten.

«Hör mir zu, Danuta», sagte ich spöttisch, «für dich gibt es keinen Richtigen, du kannst dir nicht erhoffen, dich schöner zu machen, als ich weiß, daß du bist.»

Und dieses ewige Weib lächelte verlegen und fuhr fort, sich aus den Stoffen, die nach der Auflösung des Ladens ins Haus gebracht worden waren, etwas zusammenzunähen.

In meinen Nächten von den Worten umhüllt, mit

denen ich nach der Atemlähmung des Klassenzimmers wieder Luft holte, verstand ich die wahre Bedeutung dieses Lächelns nicht ganz richtig, begriff nicht, daß ich diese Kleider, diesen Hut und sogar den Sonnenschirm – all diese Dinge, die Danuta an ihren Abenden mit Engelsgeduld angefertigt hatte – vielleicht als letzte, vom Genie meiner Zeichenstifte ausgelöste Niederlage, vorhergesehen hatte.

So vollendete sich der Akt, der das letzte Zeichen meiner Jugend begrub, als Danuta an jenem Augustmorgen aus ihrem Zimmer trat, genau so gekleidet, wie ich sie ein paar Jahre zuvor gezeichnet hatte: mit einem langen weißen Kleid, mit Handschuhen und mit einem Schirmchen, wie eine echte Dame, die sich anschickt, an Bord eines Ozeandampfers zu gehen.

Mit verlegenem Blick präsentierte sie sich mir und meiner Mutter, die wir noch damit beschäftigt waren, das Schweregefühl des Schlafes abzuschütteln, um mit unserem Frühstück zu beginnen. Vor uns stehend, geschniegelt und gebügelt wie eine französische Dame, errötete Danuta und begann mit brüchiger Stimme zu sprechen: «Zu vieles hat sich verändert, seit Herr Jakub anfing, sich für das Salz zu interessieren.»

Dann blickte sie um sich, als wolle sie sich ein letztes Mal der Wahrhaftigkeit ihrer Worte vergewissern, und fuhr fort: «Die Tapeten sind bereits verwelkt, und die Wände riechen anders. Die Zimmer haben nicht mehr dieselben Ausmaße wie früher und sind den ganzen Tag vom Geschrei der Kinder erfüllt, denen niemand mehr Gehör schenkt. Ihr Schreien schlägt gegen die Wände, prallt davon ab und kehrt zurück, ohne daß die Arme des Herrn Jakub sie in den Laden begleiten oder die Stimme ihres unglücklichen Vaters sie auffangen würde.»

Sie trocknete sich die Tränen und räusperte sich, um

ihre Stimme fester klingen zu lassen: «Ich habe meine Jahre damit zugebracht, diese Fußböden so zu reinigen, als wären sie meine Haut, ich habe sie gescheuert und eingewachst mit derselben Sorgfalt, mit der ich das Gesicht von Frau Hania massiert und eingecremt habe. Ich habe die Freude verspürt, für all jene Münder zu kochen, die diese Wände beherbergen wollten, und mit Rührung habe ich an jedem heiligen Freitag die Kerzen für den Sabbat angezündet. Doch seit ich mich vor dem Meer gesehen habe, mit den Taschen und dem glücklichen Gesicht eines Menschen, der einem Traum entgegenreist, seit damals, verzeiht mir, habe ich angefangen, anderswo zu leben, und ich kann nicht so weitermachen und meinen Körper hier und meine Seele in Amerika lassen.»

Dann blickte sie mir fest in die Augen, und mit einem breiten Lächeln, das mir wie ein Dank erschien, sagte sie: «Ich fahre nach Amerika. Das Schicksal eines jeden steht geschrieben, und meines war so klar, daß ich es sogar gezeichnet gesehen habe.»

Nachdem sie dies gesagt hatte, ließ sie uns mit unserem erstaunten Schweigen zurück und rief einen Gepäckträger nach oben, damit er die drei von ihr selbst angefertigten Reisetaschen, die genauso aussahen wie die auf meiner Zeichnung, in den Wagen trug.

Wie die große Dame, die zu sein sie an jenem Morgen beschlossen hatte, vergewisserte sie sich leichthin, daß sie alles mitgenommen hatte, dann trat sie zu uns, die wir regungslos an der Tür standen, und küßte uns mit einer zarten Bewegung ihrer Lippen auf die Wangen.

Ihre Haut duftete nach französischem Parfum, und ihre Gebärden waren langsam und sanft, wie einem Traum entnommen.

So verabschiedete sie sich, an der Tür des Hauses

stehend, in der unwirklichen Stille jenes Morgens und einer ungewöhnlich menschenleeren Floriańska.

«Richtet Frau Hania meine Grüße aus, und daß der Herr sie segne», lautete ihr letzter Satz vor der anmutigen Geste, mit der sie dem Chauffeur befahl, sich in Bewegung zu setzen.

3

*Ein krankes Haus – Briefe an einen Freund –
Karten und Grenzen: das Ende des Reiches –
Auf den Scheiterhaufen! Auf den Scheiterhaufen!*

Das Haus in der Floriańska wurde riesig, noch größer als die gewaltigen Räume, die ich in meiner kindlichen Neugier erforscht hatte. Das kärgliche Gehalt des Gymnasiums, aber mehr noch die tiefe Melancholie, in die uns die plötzliche Abreise Danutas gestürzt hatte, überzeugten uns davon, uns in die vier Zimmer einzuschließen, in denen wir von da an unser Leben miteinander teilen würden.

So lieferten wir dieselben Räume, die einst, wie unsere Venen mit Blut, mit Stimmen, Klängen und Gerüchen erfüllt waren, der Verwahrlosung aus. Sich selbst überlassen, verschlossen sich auch die Räume in ein schweigendes Leiden, das sich in den feinen Rissen in den Wänden manifestierte, wo sich die Tapeten, früher einmal die Landschaften meiner Reisen, so schmerzhaft zusammenzogen, wie sich die Haut der Alten runzelt.

In den Fußböden, die nicht mehr mit Wachs und den von Danuta allmorgendlich in den Zimmern verbreiteten fröhlichen Liedern gepflegt wurden, brachen langsam Spalten auf, in denen sich nur das verschämteste Dunkel aufstaute.

Auch die Tiere hatten das Haus verlassen, einige im

Gefolge meines Vaters, andere aufgrund meiner Entscheidung, die sie zum Umherirren gezwungen hatte.

Das Haus schien nicht mehr zu atmen, es schien keine Kraft mehr zu haben, uns noch weiter zu begleiten.

Unter dem wilden Getrappel meiner kleinen Neffen, die von jenen Mauern, die sich bereits der Müdigkeit ergeben hatten, Eile verlangten, gab sich das Haus allmählich geschlagen und ließ zu, daß der von den irrwitzigen Händen der Kinder überstrapazierte Putz abbröckelte, die Nägel in den Pfosten der mit allzu großer Dreistigkeit zugeschlagenen Türen sich lockerten und die Stufen abbrachen, welche sie im Froschgang oder mit Grashüpfersprüngen erklommen hatten.

Diesem Verfall sah ich ohnmächtig zu und zählte die Nächte in meinem getreuen Zimmer, das der Schmerzlichkeit der Zeiten noch standhielt; ich beneidete die Zigeuner um ihre umherziehenden Häuser, ich träumte im Wachen von endlosen Reisen, die ich auf ihren Wagen voller Klänge und Tiere unternahm, um mit Emram und seinem Bären die Lieder und die Geschichten der Welt zu singen.

Darüber begann ich Władysław, meinem einzigen Freund in Lemberg, zu schreiben. Er war inzwischen erkrankt und verbrachte seine Tage im Sanatorium von Zakopane, und aus diesem entlegenen Ort verlangte er von mir einen Blick auf die Welt, wo er sich der Illusion hingab, einen weniger weiten Horizont zu haben als den, den ich von der tiefen Ebene von Drohobycz aus bewundern konnte.

So begann ich ihm zu schreiben. Unter den letzten Abschnitt unserer Briefe kopierte ich Erzählungen, geschaffen aus jenen Worten, die mir Emram geschenkt hatte. Ich sandte ihm diese Texte von mir, als handele es sich um eine in die Verzweiflung des Ozeans geworfene Flasche eines Schiffbrüchigen.

Die Rettung ließ nicht lange auf sich warten: Dieser leidende junge Mann schrieb mir über Monate, Woche für Woche, und verlangte nach meinen Worten; er verfaßte lange Briefe, in denen er die Geschichten von Drohobycz begeistert kommentierte, die Abfolge meiner Träume, die, wie er sagte, ihm jenen Atem schenkten, um den er so schwer zu ringen hatte.

In dieser Zeit kristallisierte sich, auf seinen Wunsch, die Vorstellung heraus, daß ich ein Schriftsteller sein könnte; er wollte mir aus der Höhle seiner Krankheit heraus den euphorischen Geist eines Projektes zusenden, das in jenen Monaten den engen Horizont meines Hauses erweitern könnte. Angespornt von seiner grenzenlosen Freude, fand ich mich, ohne es je zuzugeben, bereit, seinen Wunsch zu erfüllen, und fuhr fort, ihm über Wochen hinweg die Geschichten und die Träume meines Lebens zu erzählen.

Während ich schrieb, verschoben sich rund um Drohobycz die Grenzen, zeichneten sich die Karten neu und richteten sich die diplomatischen Theater ein, welche die Scherben eines von den Kanonenschüssen des Krieges zerschlagenen Europa so ordnen sollten, wie es den Siegern behagte.

Die Sache ging nicht rasch vonstatten. Die Entscheidungen der Diplomaten waren kompliziert und schmerzlich, und ihrer unglücklichen Tradition folgend, wurden Polen und Galizien zum unbequemen Gegenstand einer bereits gespielten Farce.

Angesichts der im Augenblick herrschenden Aufregung und weil er nicht wollte, daß ihn das Auftreten neuer Regierungen unvorbereitet traf, ließ Professor Żywiec vom Kartographen des Gymnasiums verschiedene Lösungen der nationalen Ordnung anfertigen und Farben und Grenzen je nach den Indiskretionen verändern, die uns aus den Orten, in denen die internationalen Kongresse stattfanden, hin und wieder erreichten.

Außerdem weckte der Verlust des Kaiserlichen Schutzes, der die Stadt über Jahrhunderte hinweg in Sicherheit gehalten hatte, die Erinnerung an die unheilvolle Prophezeiung des alten Maniecki, die er an dem Tag, an dem die Erdölquellen explodierten, ausgesprochen hatte. Daher wand sich, sei es wegen des Traumas einer möglichen Veränderung, sei es wegen des in jener Weissagung vorhergesehenen Unglücks, eine gewisse Spannung zwischen den Häusern hindurch.

Den angeborenen Argwohn der Stadt zu überwinden gelang nicht einmal den Aussagen einer kleinen Schar feuriger junger Leute, Verfechtern der von Warschau aus um sich greifenden Idee der Unabhängigkeit. Warschau war da oben, an die Geschichte geklammert, und hatte in seinen natürlichen Charakter die jahrhundertealte Suche nach Unabhängigkeit eingemeißelt, ein Wort, das zu lang war, um in den Ohren der ehemaligen Untertanen eines Kaiserreiches nicht suspekt zu klingen.

Und so versammelte sich zwischen Schreien und Böllerschüssen eine Gruppe lärmender Gestalter der Geschichte auf dem Platz, um das Schutzbild des Kaisers von der Säule abzunehmen. Obschon von der Gicht und der Bürde eines bereits verehrungswürdigen Alters behindert, widersetzte sich Włodarski diesem Sakrileg mit derselben feierlichen Miene, die er bereits damals, als das Jahrhundert noch in den Windeln gelegen hatte, an den Tag gelegt hatte.

«Ihr leichtsinnigen Hitzköpfe! Ihr Verräter des Reiches und arbeitsscheue Ausgestoßene!» rief er mit immer noch schallender Stimme und riß den Irredentisten das Bild des Herrschers aus den Händen.

«Mit welch schändlicher Geste wagt ihr es, denjenigen abzusetzen, der euer unbedeutendes Leben auf den Stufen der Ehre emporgeführt hat, indem er euch mit dem Reich beschenkte, euch in seine Familie aufnahm wie ein Vater, der zwar mürrisch, aber unentbehrlich war? Auf welches Recht bezieht ihr euch nunmehr, wenn ihr das Bild eines solchen Führers schmäht, der nie und nimmer die Begrenzung seiner Macht hinnehmen wird, welche in der Kraft, in der Tradition, in der Beständigkeit der Idee des Reiches liegt? Deshalb wird diese verrückte Geste euch Anlaß zu einer tragischen und sofortigen Bestrafung von seiner eigenen Hand sein.»

Ein Augenblick der Stille folgte auf die Ansprache und wiegte den alten Drogisten in der Illusion, die Macht seiner Worte, gestützt auf die Kraft der Rhetorik, würde dem unüberlegten Handeln der Irredentisten ebenso Einhalt gebieten, wie die donnernde Stimme Moses' das Gesindel der Götzendiener auf der Stelle gelähmt hatte.

Aber dieser Eindruck täuschte. Derselbe Provokateur, der das Bildnis vom Ehrenmal gerissen hatte, entriß es Włodarskis Händen, warf es in gotteslästerlicher Absicht zum Himmel empor und schrie der versammelten Menge klar und bestimmt entgegen: «Was für eine Strafe? Und was für ein Kaiser? Das Reich gibt es nicht mehr, der Kaiser ist tot. Es lebe das einzige, das freie und republikanische Polen!»

Diese Mitteilung traf Włodarski schwer, schwerer als der Karton mit dem Bild des Kaisers, das, von dem Heißsporn in die Luft geworfen, auf dem Kopf des alten Untertans landen sollte.

Wir liefen dem Drogisten, den diese Worte mehr verletzt hatten als eine Bleikugel, die ihn aus nächster Nähe getroffen hatte, zu Hilfe. An den Tischchen des Café Schnitzler sitzend, versuchten wir, ihn wiederzubeleben, und versicherten ihm, daß die Geschichte und die Nationen niemals mit den Schreien irgendwelcher Wüteriche gemacht worden seien. Es bedurfte einer ganz anderen Sache: Die Politik war eine weise Alchimie, aus der die Bedeutung der Tradition und der jahrhundertealten Gleichgewichte nicht innerhalb von ein paar Wochen verdrängt werden konnte.

Aber diese Worte glitten über Włodarskis Blick hinweg, und seine Augen blieben starr auf eine ferne Traurigkeit gerichtet. Die dicklichen Hände um das Glas mit dem herzstärkenden Mittel klammernd, setzte der alte Prophet des Glücklichen Zeitalters, bewegt von einer Erinnerung an andere traurige Worte, einen Schlußpunkt unter jenen Nachmittag: «Gestorben ist unsere Zukunft, gestorben ist das Reich, und gestorben ist die Ehre. Es bleibt nichts als das Feuer, liebe Freunde, es bleibt nichts als die Flammen des Scheiterhaufens. Ich erhebe das Glas», sagte er dann und hob den Kelch mit dem Kardiakum, «und verneige mich vor der Weisheit des alten Maniecki und seinem Weitblick, der schärfer war als unser dummer Glaube. Auf den Scheiterhaufen!» Und nachdem seine Prophezeiungen verhallt waren, goß er die Flüssigkeit in einem Zug hinunter und warf das Glas mit derselben Würde über die Schulter wie ein alter Gardist des Reiches.

Wie ein ungünstiges Zeichen des Willens der Tatsachen wurden mir die beiden letzten Briefe, die ich an Władysław geschickt hatte, wieder zugestellt, versehen mit dem Vermerk: «Annahme vom Empfänger verweigert».

Das Staunen und der Kummer über diese Weigerung stürzten mich in finstere Verzweiflung, und ich verbrachte Tage im Bett mit Schmerzen, die mir in den Nieren brannten. Es gelang mir nicht, den Sinn dieses Verrats zu begreifen, welche mögliche Beleidigung ich der so empfindsamen Seele dieses Freundes versehentlich zugefügt haben könnte, der mich ermuntert hatte, mein Buch zu schreiben. Eines Tages hätten diese Geschichten ihr eigenes Leben haben, in die Häuser einziehen, durch die Länder und vielleicht durch die Welt ziehen und das Leben eines Drohobycz erzählen können, das sich nie mehr verändert hätte.

Am Ende einer mit Krankheit verbrachten Woche fand ich zitternd und ermattet die Kraft zu reagieren, weil ich den Wunsch hatte, mehr an die Begeisterung zu glauben, die diese Freundschaft mir geschenkt hatte, als an die Qualen meiner Tage. Ich telegraphierte an das Sanatorium in Zakopane, um Aufklärung zu erhalten. Die Antwort kam schnell und war schmerzlich: Władysław war drei Wochen zuvor an einem letztlich unheilbaren Ausbruch seiner Tuberkulose gestorben.

Das Papier brannte mir zwischen den Händen, der Schmerz und die Verzweiflung, die mein Freund erlitten hatte, waren auf wenige nüchterne und bürokratische Worte zusammengeschrumpft, auf vier aseptische Zeilen herabgemindert. Mein lieber Władysław, der mich gegen die Stumpfheit von Professor Polański in Schutz genommen hatte, war gestorben, hatte mich mit jenem Stück himmelblauen Papiers in der Hand zurückgelassen, noch bevor er seinen Plan, aus mir einen Schriftsteller zu machen, verwirklicht sah.

Vielleicht zum ersten Mal in meinem Erwachsenenleben spürte ich in mir den Impuls zu handeln, die Lust zu etwas, was imstande wäre, die Liebe zu verteidigen, die jener Mensch mir entgegengebracht hatte. Von einem ungewöhnlichen Tatendrang ergriffen, machte ich mich innerhalb weniger Stunden auf nach Zakopane, wie ein alter Ritter, der bereit ist, im Heiligen Land den Schatz seines Glaubens zu verteidigen.

Ich mußte die Briefe abholen, die Manuskripte unseres Buches, ich hätte so mein und sein Leben in eine unendliche Zeit gebunden, in jener magischen Inkongruenz, die die Worte der Welt verleihen können.

Im Sanatorium traf ich mit der Kühnheit eines Menschen ein, dem es gelungen ist, die Trauer über den Verlust eines Freundes zu überwinden: Władysław würde weiterleben.

Die der Pförtnerstube zugeteilte Krankenschwester empfing mich sofort und hörte meinen Fragen höflich zu.

«Es tut mir leid», lautete die Antwort, die mich wie eine Stimme aus der Tiefe eines Brunnens erreichte, «aber ich glaube, Ihnen nicht dienen zu können. Alles, was sich im Besitz des Herrn Władysław befand, ist, gemäß den Vorschriften der Gesundheitspolizei, verbrannt worden, um jede Ansteckung zu vermeiden.»

Alle meine Geschichten, jedes noch so winzige Wort, alles, was ich in meinen Nächten als Schiffbrüchiger geschrieben hatte, die Zauberkünste des Herrn Bosco, das Glückliche Zeitalter und die Modepuppen, der Eiswagen und der Herr Włodarski, ganz Drohobycz war in Befolgung der Anordnungen zum Schutz der öffentlichen Gesundheit zu Asche geworden.

Und in jenem Augenblick erschien mir die Prophezeiung des alten Maniecki, auf die ich wenige Wochen zuvor bei seinem Ausruf: «Auf den Scheiterhaufen! Auf den Scheiterhaufen!» angestoßen hatte, klar und voller Spott vor Augen.

4

*Das ist mein Leben – Ein Abend voller Poesie –
Ich kehre nach Hause zurück –
Nachts versuchte ich zu fliegen – Der Kuß*

Das ist mein Leben, die Aufeinanderfolge der auf einem spottenden Faden aufgehängten und miteinander verbundenen Tatsachen, die so logisch ist, daß sie mir sogar die Verzweiflung nimmt. Hier ist mein bereits erwachsener Körper, auf dünne Beine gepflanzt, um den immer noch zu großen Kopf zu stützen. Meine sinnlosen Worte, die unfähig sind, sich zu etwas zu verbinden, was etwas anderes wäre als lockere Asche. Sie blieben dort unten, verstreut in den Öfen des Sanatoriums von Zakopane, desinfiziert und regungslos wie der Schatten der Farbe, die einst auf dem Pflaster des Platzes zwischen den Porphyrsteinen hängengeblieben war, welche mein Genie bemalt hatte.

Das war ich, derjenige, der die Tage damit zubrachte, einen nach dem anderen aufzufädeln, ohne Erwartung, ja sogar ohne die Anmaßung eines Abschieds. Ich pendelte noch immer hin und her zwischen dem bereits betagten Atem meiner Mutter und dem tiefen Schweigen Hanias, entschlossen, die Beine meiner Neffen zu betrachten, die rascher wuchsen als meine Zeit.

Wäre ich wenigstens imstande gewesen, meinen Körper mit derselben Leichtigkeit zu tragen, mit der Emram hüpfte und in Begleitung des Bären sang! Statt dessen war ich durch meine Geburt an diese Häuser gebunden, und jeden Tag streifte ich an ihnen entlang aus Pflichtgefühl, aus der schmerzlichen Pflicht heraus, die Stufen des Gymnasiums hochzusteigen und mich in den Klassenraum zu stürzen, um dort mein Brot zu verdienen!

Sogar die Jahreszeiten kamen mir in jenem Augenblick abgeflacht vor, sie verloren den Schwung ihrer Rotation und blieben stehen wie ein Karussell in der Nacht, müde vom ewigen Drehen. Es half nichts zu fliehen; es war sinnlos, so zu laufen, wie ich damals als Kind atemlos bis zur Mauer von Ruski gelangt war. Nichts von alledem half. Ich war von der Strömung getragenes Wasser, zusammengekauert in jenen Winkel des Ozeans, machte ich mich so klein wie möglich, strich an den Mauern entlang, um ohne Hast zum Gymnasium zu gehen, ich näherte mich den Dingen, ohne zu stören, in der Hoffnung, keine Aufmerksamkeit und keinen Blick auf mich zu lenken.

In mein Zimmer gesperrt, träumte ich nachts noch immer von den Rentieren.

Diese stillstehende Zeit endete schlagartig, als mein Blick eines Tages auf die Ankündigung eines Leseabends mit Tuwim fiel, mit jenem Dichter, den ich durch Władysław kennen und schätzen gelernt hatte.

Mit einem wegen dieses Fluchtversuchs aufgewühlten Herzen fand ich mich wie ein Gefangener, der sich vorsichtig bewegt, um von den Gendarmen nicht erkannt zu werden, im Saal des Lesezirkels ein.

Der Raum war klein und gemütlich; an einem windgepeitschten Herbstabend warteten die Versammelten in kleinen Gruppen und im warmen Schutz auf das Eintreffen der Protagonisten; sie unterhielten sich intensiv miteinander, wobei sie ein ständiges Summen produzierten, das mich wie ein Donner traf.

Bereits seit Monaten war ich an kein anderes gesellschaftliches Leben außer dem Besuch der Klassenzimmer des Gymnasiums gewöhnt, und dieser ganze Lärm schüchterte mich so sehr ein, daß ich beschloß, wieder nach Hause zu gehen, bevor sich das Unbehagen in offene Übelkeit verwandelte und Schwindelgefühle einsetzten.

Das Schicksal spielt mit uns wie der Wind mit den von den Bäumen gefallenen Blättern, rollt die Ereignisse auf und vermischt sie miteinander, während es beschließt, die Dinge nach Lust und Laune und ohne Sinn zufällig stattfinden zu lassen. Sie geschehen eben und treffen uns, und dann sind wir unser Leben lang damit beschäftigt, sie zu sammeln und zu ordnen, um zu diskutieren, Beweise zu führen und uns zu rechtfertigen. Wir erzählen.

An jenem Abend war es der Arm von Professor Kasper, der in mein Leben fiel, der joviale, aber resolute Griff meines Kollegen im Fach Literatur, der mich, als er sah, daß ich dem Ausgang zustrebte, am Ärmel meines Mantels zurückzog: «Mein Lieber, auch Sie hier! Ach, ich hätte ahnen müssen, daß sich hinter Ihrer spröden und schweigsamen Miene ein Liebhaber der Poesie verbirgt!» sagte er mit echter Genugtuung.

Ich hätte ihn grüßen und unter einem Vorwand fliehen, mich aus dieser Peinlichkeit befreien sollen, während ich Gelegenheitsworte und banale Rechtfertigungen murmelte, aber Kasper hatte sich bereits fest bei mir untergehakt und führte mich auf die andere Seite des Saales zu einer Gruppe.

«Kommen Sie, ich will Ihnen meine literarischen Freunde vorstellen», und so machte er mich mit den

Herren Breza, Gregor Rozkop, den Waśniewskis und mit Fräulein Kurtowa bekannt. Die Prüfung, der er mich unterzog, war gewaltig, denn er zwang mich, den Schlägen der Konversation und den Hieben der Fragen standzuhalten, die seine Bekannten in dem Versuch an mich richteten, die Angst und die Anstrengung, die meine Worte entkräfteten, abzumildern.

Schließlich war es wie eine Befreiung, als der Dichter das Podium bestieg. In den abgeblendeten Lichtern begann Julian Tuwim in einem eindrucksvollen Crescendo die aus seinem *Der siebte Herbst* entnommenen Verse vorzulesen. Seine tiefe Stimme donnerte in die vollkommene Stille des Saales oder aber verfeinerte sich bis zu einem unvernehmlichen Seufzen, das von den Anwesenden höchste Aufmerksamkeit erforderte, damit ihnen auch ja kein Komma entging.

> Ich habe etwas Merkwürdiges geträumt:
> Eine lange Allee, die Akazien blühten (weiße
>   Akazien),
> ich roch Akazienduft...

fuhr der Dichter fort zu deklamieren und ließ uns mit angehaltenem Atem, regungslos in seinem Traum verharren:

> Ich habe nichts geträumt,
> Ich habe nichts geträumt,
> Doch hätte ich geträumt,
> Wie schön wäre es gewesen!...
> Und jetzt? – Welch ein Jammer.

Am Ende der Gedichte wechselte sich der Beifall mit den kurzen, vom Publikum geflüsterten Kommentaren ab, so daß auch ich mich, zu meinem eigenen Erstaunen, dabei ertappte, wie ich mich mit dem neben mir sitzenden Fräulein Kurtowa voller Begeisterung über einige Passagen unterhielt.

Und so begann etwas Undenkbares möglich zu werden. Im Schutz der Mauern, bestürmt von der Musik der Worte, bemerkte ich, wie aus dem eisigen Grund meines Körpers eine Wärme aufstieg, langsam meine Angst und mein Unbehagen auflöste und sich in den wenigen Sätzen und in einem Lächeln, das ich mit meiner Nachbarin austauschte, Bahn brach. So geschah es, daß mein Verstand sich nach undenkbaren Zeiten an etwas erinnerte, was dem Glück sehr nahe kam, jenem tiefen und vollen Atem, den ich in jeder meiner Zeichnungen erfahren hatte, wenn ich meine Pinselstriche über einen leeren Raum werfen konnte, der zu füllen war, oder auf ein Blatt, auf dem ich die Geschichten meiner Welt niederschrieb.

Schließlich kamen mir die Tränen, als Tuwim zuletzt auf dem Proszenium auf einen Tisch sprang und aus seiner *Zigeunerbibel* zu deklamieren begann, während eine Fata Morgana mir Emrams buckliges Gespenst vorspiegelte und dieses mit seinen plumpen Schritten nach dem Rhythmus dieser Verse, die mir das Herz geöffnet hatten, tanzte:

> Schließe das Leben. Öffne den Tod.
> Es blitzt schon.

In jener Nacht kehrte ich schnelleren Schrittes nach Hause zurück; mit mir trug ich das Echo dieses Glücks in mein Zimmer, das ich unter den Peitschenhieben der Verse für einen Augenblick verspürt hatte. Seit jenem Abend liebte ich die Wörter wieder und unternahm den anstrengenden und kindlichen Versuch zu fliehen, Józefina Kurtowa zu lieben.

Sobald ich in mein Zimmer hinaufgegangen war, verfaßte ich ein rundes Schreiben für sie; wie einen langsamen Flug der Störche von unseren Schornsteinen setzte ich eine Geschichte frei, die mit ihrem Lächeln endete, während es meinem schwachen und neugeborenen Lächeln begegnete. Von der Wärme dieses zauberhaften Abends ergriffen, träumte ich in dieser Nacht von den Pferden, unzähligen, galoppierenden Pferden, und sie liefen rasch weit weg von den sumpfigen Fesseln der Tyśmienica, wo meine Rentiere zu weiden pflegten.

Wie üblich fiel der Morgen meuchlings über mich her. Am Schreibtisch eingeschlafen, die Wange auf den Unterarm gelegt, in derselben Position, in der ich meinen Vater, umgeben von seiner Buchhaltung, schlafen gesehen hatte, erwachte ich, den Blick auf jene Worte werfend, die ich an Józefina gerichtet hatte. Ich erschrak über mich selbst, hatte Angst vor dieser kindlichen Keckheit, mit der ich mich im Galopp hatte davontragen lassen.

Ich war noch in meinem Zimmer, und mein Zimmer war noch ziemlich widerstandsfähig, inmitten des Hauses, des Hauses in der Floriańska-Gasse, in das Herz von Drohobycz geschnitten und in einen Winkel Galiziens gebettet. Ich ahnte noch jenseits der Tür Hanias Schweigen und hörte meine Mutter umherschlurfen, die die Kinder zum Frühstück rief, ihre unkoordinierten und schwerfälligen Aufwachgeräusche, und alle warteten darauf, daß ich das Haus verließ, um zum Gymnasium zu gehen.

Es verging keine Woche, und ich fand bei der Rückkehr von der Schule auf meinem Tisch ein an mich adressiertes Couvert, beschrieben mit einer schönen, runden Handschrift und am unteren Rand die Angaben des Absenders: Józefina Kurtowa, Lubieńika, 7 – Myrtwice.

Erst am Abend öffnete ich den Umschlag, nachdem ich ihn den ganzen Nachmittag hatte dekantieren lassen wie etwas, was nach der Destillation mit Bedacht zu schlürfen ist. Auf diese Weise kostete ich mit dem Feingefühl des Sommeliers jedes Wort dieses Briefes, jedes Komma, das die Sätze teilte, in denen diese Frau mir die Gefühle schilderte, welche sie am Leseabend empfunden hatte. Sie erkundigte sich nach meinen Eindrücken, teilte mir vertraulich mit, daß die beiden Tränen, die sie mich nach den Gedichten rasch trocknen sah, sie verstört hatten. Nicht weil dies eine beunruhigende Schwäche bedeute, sondern weil es genau das sei, was sie verspürt habe, und, wenn es nicht ungehörig oder störend sei, würde sie gern die Gelegenheit erhalten, einen Menschen, der im Besitz einer so großen Empfindsamkeit sei, durch einen Austausch von Briefen besser wertzuschätzen und gründlicher kennenzulernen.

Das war Józefina, die Sanftmut dieser Frau wich nicht vor meiner Schwäche zurück, sie mochte mein unnahbares und abstoßendes Wesen und versuchte, meine Arme gegen die Gemeinheit der Dinge zu wappnen.

So begann unsere Liebe, mit dem schüchternen Werben der im Licht der nächtlichen Lampen geschriebenen Briefe, mit den Versen der Dichter, über die wir uns mit Bangen austauschten und die wir kommentierten, die wir einander schenkten wie Feldblumensträuße und Pralinen aus Wien. Diesen schönen Briefen fügte ich jedes Mal noch ein Stück aus einer meiner Drohobyczer Geschichten hinzu und schrieb so zartfühlend wie nur möglich, denn ich hatte bereits Angst, daß die Vermessenheit der Tatsachen sie in gleicher Weise zerstörte, wie es die Gewohnheit sonst mit den Dingen tut.

In der Nacht versuchte ich zu fliegen.

Eines Tages Mitte April schrieb mir Józefina, daß sie in der folgenden Woche auf Einladung ihres Vetters Rozkop nach Drohobycz kommen würde, und fragte mich, ob ich bei dieser Gelegenheit einen Spaziergang mit ihr machen wolle, um darüber reden zu können, welche Eindrücke sie von den ihr zugesandten Geschichten gewonnen habe.

Diese Woche war die längste meines Lebens, die Tage dehnten sich auf unerklärliche Weise, und jeder Raum wurde mir unerträglich. Zu dem vereinbarten Treffen erschien ich in einem Zustand vollkommener Erregung, die so schwer war, daß sie mich kleiner machte, als ich in Wirklichkeit war. Der gekrümmte Rücken und das gesenkte Haupt ließen mich Józefina schlank und lächelnd sehen: ein gigantisches Wesen, das mich an Schönheit und Würde überstrahlte.

Vor dem Kiosk des Parks, wo wir uns getroffen hatten, blieb ich stehen, um sie anzusehen, erstarrt, unfähig zu sprechen und wieder einmal von der altbekannten Lust zu flüchten gepackt. Bis von oben, von diesem lächelnden Gesicht herab, ihre Stimme zu mir sprach:

«Mein lieber Bruno, welch ein Glück, dich sehen zu können. Möchtest du mir nicht den Arm reichen, oder gedenkst du die nächsten Stunden in dieser Pose einer Salzsäule zu verharren?»

Ich nahm wieder menschliches Maß an und erreichte die nötige Höhe, um mit ihr über Rilke zu reden, Verse auszutauschen, die wir, während wir durch den bereits mit Frühlingsblüten geschmückten Park spazierten, mit unseren kaum angedeuteten Worten immer mehr liebten.

Sie sprach voller Begeisterung von meinen Texten, auf ihre Lippen kehrte dasselbe staunende Wort zurück, das mein Vater an dem Tag ausgesprochen hatte, als ich Drohobycz auf den Platz malte, sie sprach mit denselben

Worten wie Władysław über mein Buch, fast so, als hätte er ihr seinen Wunsch vererbt.

Ich hörte ungläubig zu, gespalten zwischen der Freude über so viele Schmeicheleien und dem beunruhigenden Zweifel über die Déjà-vu-Erlebnisse, besorgt über eine ständige, zynische Wiederholung der Dinge.

Wie waren wir doch unvorsichtig! Menschen, die sich lieben, nehmen keine Rücksicht auf die Zeit, sie haben nur dann ein Bewußtsein für die vergangenen Minuten, wenn sie schwinden. Sie lärmen in der Erwartung und verschlingen die Stunden, ohne je satt zu werden. So geschah es auch uns, unerfahrenen Neulingen, mit unseren unsicheren Blicken, voll der Fragen, die auszusprechen wir den Dichtern überließen. Plötzlich nahte der Abend und zwang uns zu einer abrupten Rückkehr zum Normalen, zur Stadt und zu den familiären Pflichten, die mir nun sinnloser erschienen denn je.

Noch einmal kam Emram mir zu Hilfe. Der umherstreifende Zigeuner kündigte sich wie jedes Jahr mit dem Hauch jenes warmen Windes an, der plötzlich von den Bergen herabwehte und die Musik und, wie die Blätter, auch den Buckligen und den Tanzbären mit sich zog.

Die Raserei, die mich ergriff, erstaunte Józefina, so unerwartet brach sie in meine verwirrte Trägheit ein. Ich führte sie rasch zum Mäuerchen; es belustigte sie, mich so erregt zu sehen, und dort stellten wir uns dem Buckligen vor: «Herzlich willkommen, mein junger Freund. Ich sehe, daß du dich dieses Jahr in Begleitung befindest», sagte er und blinzelte mir zum Zeichen einer drolligen Komplizenschaft zu.

«József, mach einen Diener vor dem Fräulein!» Und der Bär in seinem Röckchen verneigte sich linkisch und blinzelte seinerseits Józefina zu, die vergnügt lachte und mir wie ein glückliches Kind den Arm drückte.

Ach du Teufelskerl von einem Zigeuner, du lieber und teurer Leser meiner Gedanken! Was für magische Künste trugst du in deinem verwachsenen Körper, wer weiß, wo du die Kunst und die Weisheit so gut erlernt hast, die Menschen zu verleiten, glückliche Gesten zu vollführen.

Und sich vor Józefina verbeugend, begann Emram die Verse unseres Dichters zu rezitieren:

> Die Zukunft bist du, die große Morgenröte,
> Über den Ebenen der Ewigkeit.
> Der Schrei des Hahnes bist du, nach der Nacht
>   der Zeit;
> Der Tau, der Morgen, das Mädchen,
> Der Fremde, die Mutter, der Tod.

«Los, du Narr!» sagte er und trat näher an mich heran, der ich regungslos der Musik der Verse gelauscht hatte, «worauf wartest du, statt all diesen Dingen einen Kuß zu geben?»

Und so hob ich, von den Worten und den Zauberkünsten des Buckligen verhext, meinen schweren Kopf und legte meine Lippen auf die Józefinas.

Emram fiedelte, und der Bär tanzte dazu und stampfte glücklich auf das Gras.

5

Fluchtpläne – Eine Falle – Die Schwangerschaft – Geburten und Scheiterhaufen – Gibt es die Verzweiflung der Planeten? – Die Rückkehr zur Herrschaft

Józefinas Liebe umfing mich, sie war ein lauer und schützender Wind, der versuchte, die Frucht meiner so verwelkten Pflanze sprießen zu lassen. Mit Geduld und Beharrlichkeit pflegte sie mich mit ihren sanften Gesten, blickte in mich hinein und befreite dann meine Sehnsüchte weit über die Grenzen unserer nachmittäglichen Spaziergänge hinaus, hin zu einer Zukunft, in der es keine Gymnasien und keine Professoren Żywiec gab, in der meine Zeit von keiner Mutter und von keiner Schwester vergewaltigt würde. Nur meine Worte würden herrschen, die in Polen, in Krakau und in Warschau die Runde machen und alle mit meiner Musik faszinieren würden. Ja, fortgerissen von ihrer Zauberkraft würden sie Europa erobern. Wie einst die Habsburger würden sie das Reich der Kreativität, die Diktatur der Träume ausrufen. Berlin, London und Rom würden den Wunsch verspüren, Drohobycz kennenzulernen, seine einzigartige Luft zu atmen, die nur ich freizusetzen und durch die Welt kreisen zu lassen verstand. Und wir würden in Paris leben, der Stadt der Künstler, dem Ort der Dichter und der Maler, wir würden nicht mehr in unseren kleinen Parks spazierengehen, sondern an den unendlichen Räumen der Seineufer entlang, auf den vielfarbigen Boulevards und inmitten der Eleganz der Champs Elysées.

Ich lauschte diesen Flügen des Gedankens, der sich auf ihren Arm stützte, ich begleitete sie und versuchte, sie auf die Ausmaße unserer Schritte zurückzuführen. Tief in meinem Inneren verspürte ich den Zwang zur Wirklichkeit, eben in jenem Augenblick, da sich die Wut meiner bemächtigte, wie damals in meiner Kindheit, wenn das Blatt zu Ende war und es mir nicht gelang, alle Linien der Welt darauf zu zeichnen. Europa lag hier ringsum, mit seinen von schnellen Fahrzeugen durchfahrenen Städten. Paris war nur wenige Schnellzugstunden entfernt. Aber vor meinen Augen hatte ich die Häuser von Drohobycz, da war die Floriańska, wo ich im Haus Nummer 10 die noch jungen Schritte meiner Neffen hörte, den starren und stummen Blick Hanias und das nicht enden wollende Greisenalter meiner Mutter sah. Hier war die unendliche Kette von Geschäften, die mich am Morgen bis zur Treppe des Gymnasiums begleitete. Hier waren die Stimmen, die Gerüche und mein Atem, das vertraute Geräusch der Hufe der Rentiere, die auf ihre Jäger warteten.

Józefina liebte auch meine Unschlüssigkeit, sie pflegte sie wie eine hartnäckige Krankheit mit ihren liebevollen Worten und ihrem entschlossenen Handeln. Sie kam immer häufiger ihren Vetter Rozkop besuchen, und auf diese Weise war sie ständig gegenwärtig in meinem Leben. Sie sammelte meine Briefe, schrieb jene Teile ab, in denen ich meine Geschichten erzählt hatte, ordnete sie und gab sie mir als tadellose, lebensfähige Manuskripte zurück.

Von ihr angespornt, begann ich die literarischen Zirkel zu frequentieren, und in dieser Welt zwang sie mich, meine Schüchternheit zu besiegen und einige meiner Erzählungen bekannt zu machen. Ich betrat diese Salons mit dem ganzen Argwohn meiner Angst und unterzog mich nur mit Mühe den Fragen und den Diskussionen. Es war ohne Zweifel mein Opfer an die Liebe jener Frau, der tolldreiste Versuch, mich selbst der Schwerkraft zu entreißen, die mich an das Schicksal von Drohobycz band.

Eines Abends im Januar ging ich zum Vetter Rozkop, um Józefina abzuholen, und fand sie in einem Zustand kaum verhohlener Erregung. Sie drängte mich zur Eile, meinen Schritt in Richtung des Hauses von Breza zu beschleunigen, wo wir eine Verabredung hatten. Die Freunde erwarteten uns wie immer, aber auch an ihnen nahm ich eine Art verdeckter Spannung wahr, die mich nicht wenig beunruhigte.

Die Erregung trat offen zu Tage, als die Glocke des Hauses läutete und Tadeusz einen neuen Gast in den Salon führte. Die ersten Vorstellungen meiner Freunde waren bereits getätigt, und als der Herr des Hauses bei mir anlangte, die Hand bereits dem Neuankömmling entgegengestreckt, hörte ich ihn ausrufen: «Und dies, mein lieber Czarski, ist der Autor der Texte, die ich Ihnen geschickt habe!»

Meine Hand blieb starr, eingefroren von dem Namen, der mir wohlbekannt war: Czarski, der Verleger aus Warschau, und Tadeusz hatte mich ihm als «der Autor» präsentiert! Den Rest des Abends erlebte ich wie aus der Ferne, als würde ich hinter einem dicken Kristallglas der Szene beiwohnen, in der man mir die Wertschätzung für meine Werke ausdrückte und ich um die Bereitschaft gebeten wurde, diese zu überarbeiten und zu ordnen und zu erlauben, daß sie in Buchform erschienen. Ich hörte, wie meine Stimme akzeptierte, ich sah, wie Józefina mich umarmte, und hörte die Glückwünsche jener lieben Menschen, die mir diese Falle gestellt hatten, und schließlich erlebte ich die Gratulation für etwas, was in Kürze geboren werden sollte, während ich all dies mit der Angst und dem Argwohn betrachtete, die die Asche von Zakopane in mir in Erinnerung rief.

Die Vorbereitung des Buchs war eine regelrechte Schwangerschaft, die jedoch nicht nach den erforderlichen neun Monaten menschlicher Schwangerschaften zu Ende war. Vielleicht aufgrund meiner natürlichen Abneigung gegen Geburten, ein Erbe meiner Familie, wurde ich, wie Hania, von den tiefen Krisen und den für die Gebärenden typischen Überlegungen erschüttert. So sehr, daß man auf diese einzigartige Weise die Umkehrung der Rollen erlebte – dergestalt, daß die Frau, Józefina, sich beeilte, den geeigneten Raum und die Mittel zu schaffen, um meine Schwangerschaft zu ermöglichen, während ich, der Mann, von den Ängsten und dem Unwohlsein befallen wurde, die typisch sind für diejenigen, die ihr Kind austragen.

Ich schrieb das Manuskript immer wieder um, verfaßte ganze Seiten neu, verlor und versteckte die Blätter, die mich, plötzlich aus unwahrscheinlichen Verstecken wieder aufgetaucht, zwangen, die verschiedenen Versionen miteinander zu vergleichen und neue hervorzubringen. All das führte dazu, daß meine Nierenkoliken wieder einsetzten, die mich unter stechenden Schmerzen ins Bett zwangen; ich verlangte mir lange Abwesenheiten von der Schule ab, die Professor Żywiec kränkten und meine verfügbaren Mittel dahinschmelzen ließen.

Józefina ihrerseits pflegte mich mit aller Liebe und allen Freundlichkeiten, die den Frauen zu eigen sind, und verbrachte ganze Nachmittage an meinem Bett, um für mich die Manuskripte abzuschreiben und mich mit Kräutertees und zärtlichen Liebkosungen zu versorgen. Außerdem beschloß sie, für sich eine Arbeit zu finden. Sie glaubte, daß mein Schweigen über die Absichten, Europa zu erobern, ein entschlossenes Handeln erforderte, das imstande sei, mich Hanias bedrückender Stummheit und den unerschöpflichen Ansprüchen ihrer drei Söhne zu entreißen.

In Warschau nahm sie eine Stelle in einem Statistikbüro an, ein langweiliges und ständig wiederkehrendes Zusammentragen von Zahlen, das es ihr aber gestattete, von einer anderen Zukunft zu träumen, Geld zu verdienen und Zeit zu gewinnen, Dinge, die bis zum Erscheinen des Buches erforderlich waren. Dann würde ich endgültig Drohobycz verlassen und den Schulunterricht aufgeben können, wir würden von ihrer Arbeit leben, zusammen in Warschau, während ich mich weiter dem Schreiben widmen würde, das uns eines Tages durch ganz Europa führen würde.

So begann ich in den schmalen Freiräumen, die mir zwischen den Ängsten der Schwangerschaft und den Pflichten des Unterrichts verblieben waren, die schwierigste Seite meines Lebens zu schreiben, gerichtet an Józefinas Eltern: In Befolgung der Tradition versuchte ich das Vorhaben zu erklären, das unsere Verbindung kennzeichnen sollte.

Das Buch wurde vor diesem Brief geboren, es kam an einem regnerischen Tag in jenem Herbst auf die Welt, als sich im benachbarten Deutschland andere Bücher dem gemeinsamen Schicksal des Feuertodes ergaben. Seine ersten unsicheren Schritte auf dieser Welt, in der die Anzeichen darauf hindeuteten, daß sie für ein junges Buch eines unbekannten jüdischen Schriftstellers nicht geeignet sein werde, weckten in mir dieselben Ängste, die ein unerfahrener Vater bei den ersten Schritten seines Kindes empfindet.

Doch schon recht bald schlug sich ihre Fähigkeit, die magischen Orte meines Lebens zu beschwören, in begeisterten Briefen nieder, die ich in der Floriańska erhielt, in den schmeichelhaften Urteilen von Kritikern und Buchhändlern, die Józefina gesammelt hatte, in den Angeboten zur Mitarbeit und in den Bezeugungen von Wertschätzung durch Schriftsteller und Literaten.

Józefina war außer sich, aus Warschau schrieb sie mir lange Briefe mit Berichten über die Erfolge meines Buches in den literarischen Kreisen der Hauptstadt, forderte mich auf, so bald wie möglich zu ihr zu kommen, behauptete mit blinder Sicherheit, ihre Vermutungen seien eingetroffen. Ständig bat sie mich, ihren Eltern zu schreiben, um unsere Beziehung offiziell zu klären.

Ich stand mehrmals im Begriff abzureisen und setzte diesen Brief, der ein neues Kapitel in meinem Leben hätte aufschlagen sollen, immer wieder neu auf. Jeden Morgen kam ich ins Gymnasium und wiederholte im Geiste die in der Nacht für Professor Żywiec vorbereiteten Worte meines Entlassungsgesuches. Mindestens dreimal fuhr ich nach Warschau, wo ich mich Józefinas Plänen widmete, mich nach einer künftigen Behausung umsah, mir geduldig ihre Wünsche anhörte, Viertel oder Wohnungen verwarf oder aussortierte, die zu weit von ihrem Arbeitsplatz oder von meinem Verleger oder von unseren Freunden oder von jeder anderen Sache entfernt waren, die für unser künftiges Leben stand.

Ich kehrte jedes Mal nach Hause zurück, aus Warschau und aus dem Gymnasium, ich kehrte jedes Mal zurück, um das Wesentliche eines Briefes aufzusetzen, den zu schreiben mir nie gelang, bevor ich mich in der

Stille des Hauses zu Bett legte, um auf die Rentierherde zu warten.

Noch einmal entzog sich mir die Zeit, verzögerte sich fast bis zum Stillstand, und die Dinge drehten sich um mich und fixierten mich wieder mit ihrer Starre. Was hatte sich verändert seit den Zeiten, als Drohobycz aufgehört hatte, auf das Glückliche Zeitalter zu hoffen? Warum begriff ich nicht, daß das von meinem Vater gesuchte Salz die biblische Substanz war, aus der wir alle, unbewegliche Statuen im Kreis der Tage, geformt waren?

Und jetzt war ich zerrissen von der Angst, Józefina mit meiner Liebe gezwungen zu haben, sich auf jene Rolle einer nutzlosen Bahnbrecherin in vorderster Reihe in einem Vorposten eines nicht existierenden Reiches zu stürzen. Kann man denn gegen die Ordnung der Planeten aufbegehren? Und glauben, wir seien die Erbauer unserer Lebensbahnen und der Wege, aus denen wir unser Leben zusammenflechten?

Meine Schwester in ihrem Zimmer, im Sessel sitzend, starrte vor sich hin, als könne niemals irgend etwas sie verletzen. In dem Neid, den ich in diesem Moment verspürte, ließ mich eine gewohnheitsmäßige Geste vor ihr niederknien, die Lippen bis hinunter führen, bis ich wieder zum Untertan ihrer Füße wurde.

Ich hob ihr Bein und legte schließlich den Kopf unter ihre Pantoffeln und fand so für einen Augenblick die Ruhe dieses Reiches wieder.

Noch ehe ich meinen Brief beenden konnte, schrieben mir aus Myrtwice Józefinas Eltern, um mir mitzuteilen, daß sie krank sei und sich in einem sehr schlechten seelischen Zustand befinde. Da sie von unserer Freundschaft wußten, baten sie mich, mich dorthin zu begeben, denn meine Anwesenheit würde zweifellos von Nutzen sein.

Mit einem Herzen, das schwer war von Schuld, reiste ich mit einer Schachtel Datteln und getrockneten Früchten, Józefinas Lieblingssüßigkeiten, nach Myrtwice. In diesen kindlichen Gesten spiegelte sich die Beschränktheit eines Mannes, der nicht den Mut hat, die Tatsachen der eigenen Verantwortlichkeit auch in Worte zu fassen. Der infantile Gedanke, mit den Datteln und den Trockenfrüchten den offenkundigen Mord an einer Liebe zu bemänteln, welche der Unbeweglichkeit der Zeit geopfert wurde.

Józefina kam mir blaß vor, und dennoch war sie tapfer und zartfühlend mit den Worten, die sie sagte, nachdem sie über mein törichtes Geschenk gelächelt hatte: «Bruno, ich kann nicht so weitermachen, alles entgleitet mir und rückt in die Ferne. Ich fühle mich erschöpft, vollkommen der Begeisterung beraubt, die jedes von dir geschriebene Wort in mir ausgelöst hat, jedes Mal, wenn du mit mir gesprochen hast, immer, wenn ich gesehen habe, wie deine Hände die Träume zeichneten, die du in dir verborgen hältst. Aber nichts davon gehört mir, es gehört alles dir, dir ganz und unteilbar allein. Ich bin blind gewesen, vielleicht egoistisch in meinen Absichten, aber ich habe wirklich geglaubt, daß dein Genie dich von all dem befreien könnte, was dich gebunden hält.»

Ich hörte mit gesenktem Kopf zu: Diese Worte befreiten mich für immer von der Pflicht, sie zu lieben, und machten mich endgültig zum Sklaven meiner selbst.

«Ich habe immer geglaubt, ich könne dich beschützen, ich sei unendlich viel stärker als deine Schwäche, deine Zerbrechlichkeit. Ich habe mich geirrt. Du bist der Stärkere von uns, du hast deine Kreativität, du hast all das, was ich haben möchte. Ich habe jetzt nichts mehr.»

So verabschiedete sie mich, gestattete mir auf diese freundliche und betrübliche Art, nach Drohobycz zurückzukehren, befreite mich von der Pflicht, den Brief abzufassen und jene Worte einzustudieren, die ich Professor Żywiec sagen sollte, und ließ mich in die ruhige Verzweiflung zurücksinken, die im Reich meiner Schwester herrschte.

DRITTER TEIL

1

*Also auf nach Paris! – Das Ende der Flucht –
Ein neue Gewohnheit – Eine Schuld bezahlen –
Sie haben unterzeichnet! –
Włodarskis letzte Ankündigung*

In den folgenden Monaten lebte ich vor mir selbst versteckt. So wie im Glücklichen Zeitalter lebte ich fast, ohne mir der Dinge bewußt zu sein. Die Wertschätzung der Kritiker und der Literaten verschaffte mir eine mehrmalige Mitarbeit an Zeitschriften und Konferenzen, an denen ich in derselben Art und Weise teilnahm, wie mein Vater, viele Jahre zuvor, stillschweigend und unter Ausschluß der Öffentlichkeit sein Schaufenster hergerichtet hatte.

Neben der Figur des schüchternen Gymnasiallehrers aus der Provinz begann ich als scheuer, aber origineller Schriftsteller bekannt zu werden. Die literarischen Kreise unternahmen eifrige Versuche, die Blitze jener verwirrten Zeit auf neue Weise zu erforschen. Europa war ein Pulverfaß, das jedem Ritter Waffen und Farben lieferte. Gebrüll südländischer Diktatoren und Leidenschaften alter Chimären erleuchteten wieder den Himmel über Preußen. Mein kleiner Körper witterte jene korditgeschwängerte Luft und verkroch sich, wurde immer furchtsamer, wünschte, unbeobachtet an den Mauern der Geschichte vorüberzugehen wie morgens, wenn ich mich zur Schule begab.

Doch jedes Lebewesen zuckt, ehe es stirbt, jeder Schwerkranke erlebt einen Augenblick, in dem er glaubt, die Metastase würde verschwinden, weggetragen vom Erwachen aus dem Schlaf, mit der frischen Luft des Morgens.

Mein letzter Atemzug war Paris. Der liebenswürdige Verleger Czarski wollte um jeden Preis, daß ich ihn auf einer Geschäftsreise in die französische Hauptstadt begleitete. «Ich werde Ihr Buch den Franzosen vorstellen, seien Sie versichert, daß wir daraus eine wunderschöne Ausgabe machen können!»

Nicht ich war es, der akzeptierte, nicht die Kleinigkeit, die zu jenem Zeitpunkt mein Leben war, sondern etwas in mir wollte, ohne mir etwas zu sagen, die letzte und endgültige Huldigung an die Liebe darbringen, die Józefina in ihrer Traurigkeit begraben hatte. Also auf nach Paris!

Jene Tage in Frankreich waren ein rasender Wirbel von Geräuschen, Lichtern und Menschen, die wie wild über mich herfielen. Aus den ständigen Streifzügen durch Buchhandlungen und Verlage in Czarskis Gefolge gelangte ich am Abend in das Refugium meines Hotelzimmers wie ein Schiffbrüchiger ans Ufer. Der Zauber dieser Stadt, die so lange Zeit nur in meiner Vorstellung existiert hatte, raubte mir den Atem und machte mich schwindelig. Es war mir gelungen, an Land zu gehen; von jener Ecke der Welt, wo ich die kleinen Perlen meiner Tage auffädelte, war ich endlich ins Zentrum gelangt.

Die Atmosphäre von Paris erschien mir fieberhaft. Die politische Situation des Kontinents war eines der am häufigsten wiederkehrenden Gesprächsthemen. Der deutsche Nachbar kochte wie ein unter Druck stehender

Topf und erschreckte diejenigen, die, wie ich, mit dem Bild der preußischen Macht als einer Strafe aufgewachsen waren, die der Himmel früher oder später verhängen würde. Aber die Kühnheit der Franzosen, ihre Sicherheit zu wissen, wie sie jenes Volk hinzuhalten hatten, schien sich aller Menschen zu bemächtigen und steckte irgendwie auch Herrn Czarski an.

»Seien Sie beruhigt, mein lieber Bruno», sagte er zu mir, «nicht nur die Deutschen verfügen über avantgardistische Waffen und Technologien.» Dann beugte er sich zu mir herüber und, als wolle er mir ein Geheimnis anvertrauen, begann er wieder: «Es sieht so aus, als würde Herr Maginot ein absolut unüberwindliches Verteidigungssystem aufbauen: Festungen, Schützengräben, Minenfelder und Artillerie. Unmengen von Geschützen, um auch den kühnsten Deutschen abzuschrecken!

Also», schloß er, «bewahren wir Ruhe und denken wir lieber daran, zu arbeiten und uns zu amüsieren. Apropos, mein lieber Freund», sagte er schließlich und legte mir den Arm um die Schultern, «heute abend feiern wir den Abschied von Paris mit einem schönen Besuch im Tabarin.» Und nach einem Blick auf mein verblüfftes Gesicht fügte er hinzu: «Keine Sorge, es geht alles auf Rechnung des Verlages.»

Wenig später betraten wir also ein Lokal. Die parfumgeschwängerte Luft stieg mir sofort zu Kopf, vor allem aber sprangen mich die Farben, die Lichter und die Eleganz der Anwesenden an. An den Tischen saßen Frauen in langen und aufgeputzten Kleidern, tranken, rauchten und plauderten, während sie lachten wie die Vogelschwärme auf den Dächern der Floriańska. Das waren die Frauen, die ich in meinen Knabenträumen gezeichnet hatte: Elegante Damen mit selbstbewußten Mienen führten ihre Ehemänner-Tiere an paillettenübersäten Leinen.

Czarski zeigte sich großzügig. Er bat den Kellner, zwei Damen zu uns zu führen, die allein an einem Nachbartisch tranken, aber nicht ohne mich vorher mit halblauter Stimme beruhigt zu haben: «Seien Sie beruhigt, Bruno, es sind freundliche Kokotten. Ein Angebot des Hauses.»

Wir verbrachten den angenehmen Abend zwischen Musik und Konversation, und ich verfiel in verlegenes Schweigen, weil ich mich vor jenen realen Zeichnungen wiederfand.

»Lassen Sie sich nicht beeindrucken», scherzte Czarski gutmütig mit den Damen, «mein Freund ist ein ganz origineller Schriftsteller und mit der Feder mehr in seinem Element als mit dem Mund.»

Als die Frauen sich entfernten, um sich zur Toilette zu begeben, verständigte er mich mit der Miene eines Komplizen von seiner Absicht, die Kokotten zu ihrem Hotel zu begleiten, und natürlich zögerte er angesichts der Blässe, mit der ich darauf reagierte, nicht, mich zu beruhigen: «Keine Sorge, alles auf Kosten des Hauses.»

Ich fand mich in einem Hotelzimmer in Paris wieder, mit einer jener Frauen, die meine Zeichenstifte unter dem grauen Himmel von Drohobycz zum Leben erweckt hatten. Aber der Geschmack der Träume war stärker als der Geruch der nackten Haut der Wirklichkeit, und die Tapeten Frankreichs blühten nicht mit ineinander geschlungenen Trieben wie diejenigen, auf denen ich die Welt erforscht hatte. Da begriff ich, daß es die Distanz vielleicht gar nicht gibt, weil nur in uns selbst der Raum lebt und die Wüsten und die Ozeane, die Berge und die Mauern, jedes unerschütterliche Kaiserreich und alle Königreiche, deren Untertanen und Herrscher wir sind.

Dort, in jenem Zimmer, beendete ich zweifellos meine

Flucht, ich beugte mich vor, um die glänzenden Schuhe der Frau zu betrachten, und suchte wenigstens dort nach einem Kratzer oder einer Schramme, die ich kannte, und senkte schließlich meinen schweren Kopf und legte ihn unter die beruhigende Herrschaft ihres Fußes.

Drohobycz erwartete mich, es hatte mit der Geduld eines alten Verwandten auf meine Rückkehr gewartet. Sobald ich am Bahnhof ausgestiegen war, umfing es mich mit seiner Ruhe wie einen verlorenen Sohn, der mit dem Besten gefeiert wird, was das Haus zu bieten hat. Sein Schweigen und seine Unbeweglichkeit erschienen mir in diesem Augenblick, nach den glitzernden Lichtern von Paris und den besorgniserregenden Schreien Europas, wie eine Oase.

Meine Mutter empfing mich mit einer Umarmung, die mir vorkam wie ein letzter Versuch, nach der Auszehrung durch die Jahre und den Kummer Halt zu finden. Den üblichen Sorgen einer alten Frau mit der Verantwortung für ein Haus und drei Enkel hatte sich die Unruhe über die neue Manie hinzugesellt, die Hania während meiner Abwesenheit entwickelt und an den Tag gelegt hatte: Zum Eingesperrtsein in ihrem Zimmer, zwischen Bett und Sessel, war jetzt die Angewohnheit hinzugekommen, sich anzukleiden und fertig zu machen, als sei sie im Begriff wegzugehen, mit Hut, Mantel und einem Koffer, voll mit ihren Sachen, und sie verbrachte den Rest des Tages, als würde sie darauf warten, von einem Moment zum anderen abzureisen.

Man konnte von ihr keinerlei Auskünfte erhalten, die geholfen hätten, die Gründe für ein solches Verhalten zu erfahren, denn es war eine Tatsache, daß meine Schwester sich schon seit Jahren in ein beharrliches Schweigen und einen starren Blick verschlossen hatte, ohne das geringste Anzeichen von Gefühlen preiszugeben.

Dennoch schien ich, ohne darüber sprechen zu müssen, den Wunsch dieser in sich zusammengerollten Seele vollkommen zu verstehen, der sich in einer absoluten Erwartungshaltung ausdrückte. Es handelte sich um etwas, was mit meiner Angst verwandt war, mit derselben Kraft, die uns, zusammen mit ihrem starren Blick, den Tagen, die wir mit unverwandt auf die Zimmertür gerichteten Augen zubrachten, aneinander haften ließ.

Trotz allem kehrte auch in diesem Jahr der Frühling zurück und schenkte mir den Eindruck, daß alles gleich bleiben könnte, eingespannt in den üblichen Wechsel der Jahreszeiten, und daß die warme Luft, die von den Karpaten herabwehte, noch den Schnee der Ebene schmelzen und alles wiederkehren lassen könnte, wie jedes Mal, wie immer.

Es war aber nur ein Eindruck, denn nicht die Wiederholung des Laufs der Sonne kann über unsere Unbeweglichkeit entscheiden: Für die Sterne sind wir nur Schatten, die sich bewegen. Das Blut eines von einem Schwert niedergestreckten Menschen, seine Tränen, die über das Gras rinnen, um es zu benetzen, Tränen statt Wasser bedeuten für den Schlaf der Planeten weniger als nichts.

Dies sah ich in jenem Frühjahr in Emrams Blick, im Schritt meines verwachsenen Freundes, der dieses Mal schweigend eintraf, ohne sich mit den fröhlichen rhythmischen Klängen der Geigen und der Gitarren anzukündigen. Wie immer auf dem Mäuerchen sitzend, sah ich ihn allein daherkommen, ein Hinkender ohne den Stock, ohne den Bär im Röckchen, der über Jahre ein untrennbarer Bestandteil jenes Mannes und meiner Träume gewesen war.

«Grüß dich, mein Freund», sagte er und setzte sich neben mich. Zum ersten Mal, seit ich ihn kannte, begleitete er die Keckheit seiner Worte nicht mit einem Lächeln.

«Es kommen schlimme Zeiten. Die Gewitter, die aus dem Westen heraufziehen, sind die stürmischsten und grausamsten. Sie bringen kein Wasser zum Trinken, sondern dienen nur dazu, ihre Wut auszutoben. Sie wollen Angst machen, sie entwurzeln und zerschlagen alles und kehren das Unterste so lange zuoberst, bis sie mit ihren Wolken das Licht zudecken und dich bittere Sehnsuchtstränen weinen lassen, aus Angst, niemals mehr den freien Himmel sehen zu können und die Sonne, wie sie scheint.»

Er machte eine lange Pause, als suche er nach der Erinnerung oder nach dem Gesicht von jemandem. Dann fuhr er fort: «Ich bin gekommen, um dir Grüße von József zu bestellen. Er ist dort oben geblieben», sagte er und deutete mit dem Arm auf einen Punkt hinter den Bergen. Sein altersloser Blick betrachtete prüfend den Himmel, als würde er seine Absichten ablesen.

«Das Leben ist ein endloses Spiel», sagte er zu mir. «Es gibt Jahre, in denen man zufrieden ist, wenn man die Wolken vorüberziehen sieht, und andere, in denen man lernt, unter der Kälte und dem Regen zu leiden. Es gibt Augenblicke, da soll man leben, indem man Musik macht und singt, und andere, in denen man die Instrumente verstecken und die Flucht ergreifen muß.»

Seine stechenden Augen blickten mich an, als wollten sie sich vergewissern, daß ich seine Worte richtig verstanden hatte. Dann hob er mit lauterer und gereizter Stimme wieder an: «Es kommen die Jäger, mein alter

Freund, und wir sind die Beute. Diejenigen, die das Leben besingen, die einen Buckel, einen deformierten Kopf und keinen klaren Verstand haben, können sie nicht ausstehen, ebensowenig wie diejenigen, die nicht derselben Rasse angehören wie die Beutemacher selbst, und diejenigen, die tanzen oder die Sonne anbeten. Die Jäger werden angelockt vom Geruch des Blutes. Wehe also denen, die verwundet sind, wehe denen, die neben ihnen tanzen ohne den entschlossenen Schritt ihrer eigenen Tänze.

József hat das verstanden und ist fortgegangen, er ist schneller geflüchtet als ich es mit meinen kurzen, dummen Beinen vermag», schloß er nach einer kurzen Pause, voller Wehmut.

Ich weiß nicht, ob jener bucklige Mann die Worte kannte, mit denen er die Reste meines Willens unter dem Staub aufzuwirbeln verstand. Ich kenne den Grund nicht, und ich frage auch nicht, aber nach dieser Begegnung fühlte ich in mir noch ein wenig Leben, ich hörte wieder Emrams Lieder, ich sah seine Hände, die mir die Berge von Wörtern darreichten, seine Stimme, die mir zum ersten Kuß riet, und den tiefen Atem des Bären, der lächelnd auf der Wiese tanzte.

Im Angesicht all dessen begriff ich, daß ich ihm niemals etwas bezahlt und auf sein Lächeln immer mit Flucht und verlegenem Schweigen geantwortet hatte. Wenigstens ein einziges Mal hätte ich diesem Mann, der jahrelang auf mich gewartet hatte und jetzt davonlief, etwas zurückgeben sollen. So weckte ich am folgenden Morgen mein Genie, jenes unnütze Wort, das ich von meinem Vater empfangen hatte. Dieses Mal wurde ich für Emram wieder zum Maler und malte auf die Mauer des Parks ihn und József, als Riesen, wie zu den Zeiten, als sie noch zusammen lebten. Emram spielte den Leuten etwas auf der Geige vor, während der Bär umhertanzte.

Es war ein auf die Wand geworfenes Fresko, vielleicht nur die Geste eines Wahnsinnigen, ein Lichtblitz, der für einen Moment die unaufmerksamen Augen derer füllte, die von jenem Tag an hier vorübergingen.

Die Farbe dreht sich und spricht, schreit und trifft länger als eine Flinte, und ein paar Nächte später hörte ich inmitten der tiefen Dunkelheit, im Mut einer unterbrochenen Flucht, unter meinem Fenster die Violine von Emram, der mir dankte, indem er stundenlang unsere Lieder spielte.

Mit Angst und Furcht begann sich an den milden Abenden dieses letzten verschlafenen Frühjahrs halb Drohobycz vor dem Café Schnitzler zu versammeln, um Ereignisse zu kommentieren, die zu einem für uns viel zu weit entfernten Ort zu gehören schienen, von den blendenden Lichtern und den Winden, die die ruhigen galizischen Tage stören könnten. Die Wut und die Angst vermischten sich bei den Anwesenden mit der alten Erinnerung an Massaker und Verfolgungen und nährten die fortschreitende Überzeugung einer bereits realen Bedrohung unserer Freiheit. Zwischen Schreien und Flüstern wurden die Photos der in Prag triumphierenden Schwadronen in Uniform kommentiert, wurden die Berichte der Verwandten vorgelesen und erörtert, die in deutschen Städten lebten. Ben Aszkelwicz erinnerte eines Abends weinend an seinen Vetter David, Versicherungsagent in der dritten Generation, und daran, daß er ein paar Jahre zuvor durch ein Gesetz gezwungen wurde, seine Tätigkeit aufzugeben und von zu Hause auszuziehen, da er wie Tausende anderer Leute in ein Getto verbannt wurde, das unter der Kontrolle der

Besatzungstruppen stand. Viele schlugen sich gegen die Brust, weil sie, zumindest einmal, geglaubt hatten, daß das Feuer dieser Scheiterhaufen fern und begrenzt bleiben würde, vielleicht dadurch gesättigt, daß in der zerstreuten Gleichgültigkeit der übrigen Welt ein paar Zweiglein in die Flammen geworfen wurden. Noch einmal hallten die Worte des alten Maniecki als traurige Weissagungen wider, mit Respekt und Furcht von den Lippen der Anwesenden wiederholt.

In der Angst jener Tage ließen sich nicht wenige auf komplizierte Argumentationen über das politische Gleichgewicht und die Allianzen ein, die, je nach der Stimmung und nach dem Zeitpunkt, wie Bollwerke gegen jeden Angriff auf unser Land gemalt wurden oder, im Gegenteil, eine ungestörte Eroberung garantierten.

«Sie werden es nicht wagen, die Macht von England und Frankreich, unseren Verbündeten, herauszufordern!» behauptete eine Stimme auf der einen Seite, und von der anderen antwortete jemand: «Aber der Einverleibung Böhmens haben doch alle tatenlos zugesehen!»

«Rußland wird nicht zulassen, daß sie uns überfallen, wir sind ihnen doch viel zu nützlich, hier, in der Mitte, ausgebreitet wie eine Fußmatte vor den Deutschen!» wagte Abram Scholem hinter seinem Bierhumpen zu prophezeien. «Eben, sie haben uns immer als Schuhabstreifer benutzt, Scholem, auch dein Freund Stalin erwartet nichts anderes», versetzte Edward Gottwald und hob dabei kaum den Blick vom Billardtisch.

Die Ansichten und Stimmungen trafen aufeinander, wie damals, als die Macht des Kaiserreiches in wenigen Monaten dahingeschmolzen war, ja noch stärker. Diejenigen, die damals die Geburt Polens unterstützt und begrüßt hatten, sahen jetzt ihren Traum, sich weiterhin Polen nennen zu dürfen, in Frage gestellt. Die politischen Programme, die von der deutschen Regierung verkündet wurden, nahmen auf die hier lebenden Menschen keine große Rücksicht: Der systematischen Präzision der Preußen entsprechend, war eine exakte Rangliste der Rassen ausgearbeitet und vom bellenden Diktator verkündet worden, der zufolge das polnische Volk als Sklavenschar im Dienst des mächtigen Reiches eingestuft war.

An den Abenden in der Synagoge verband Rebbe Cohen diese Besorgnisse mit denen unserer Leute, eines Volkes von Verstoßenen innerhalb eines Volkes von Sklaven, und sandte die Gebete zum Herrn empor, zusammen mit der Aufforderung, nachzudenken und um Vergebung zu bitten. Aber viel höher als unsere Gebete erhob sich das Geschrei von Aaron Malkowicz, der eines Abends Ende August wie eine Furie ins Café Schnitzler stürmte, Tische umstieß und gegen Gäste und Stühle rempelte, bis er dem ehrwürdigen Włodarski vor die Füße sank, der von der Höhe seines unbeugsamen Alters aus die Kraft hatte, diesen unförmigen Klumpen, der, von Schluchzen geschüttelt, vor ihm zitterte, zu fragen, was denn die Ursache dieser ganzen Verstörtheit sei.

Von Aarons Lippen, an die sich Hunderte unserer Köpfe angenähert hatten wie an eine Quelle, glitten nur drei Worte, drei armselige Laute, die das Ende auf unsere Grabsteine und auf ganz Drohobycz meißeln sollten:

«Sie haben unterzeichnet!»

Es war nicht auf Anhieb klar, wer die Urheber dieser Unterzeichnung waren und um welchen Gegenstand es ging, und daher war es, nach Übereinstimmung aller, wieder Włodarski, der sich stumm sammeln mußte und wie ein Beichtvater die Worte, die ihm Malkowicz' Aufregung mit seinem zitternden, an sein Ohr gehaltenen

Mund zuflüsterte, umformulieren durfte. Der alte Drogist, der Rolle entsprechend, die das Schicksal ihm im Theater von Drohobycz vorherbestimmt hatte, richtete sich auf den wackligen Beinen eines über Neunzigjährigen auf und begann den Anwesenden mit einer immer noch kräftigen Stimme mitzuteilen: «Liebe Freunde! Die Versicherungen, die ihr mir in einer nunmehr weit zurückliegenden Vergangenheit gabt, bezüglich meiner Befürchtungen, daß die Nationen und die diplomatischen Gleichgewichte nicht innerhalb eines Augenblicks entstehen und sich auflösen, waren und sind zutreffend. Aber vielleicht geschieht es ausgerechnet in Befolgung der tiefverwurzelten Tradition und der Schicksale der Völker Polens und Israels, daß Deutschland und Rußland, den jetzt aus Moskau zu uns gelangten und von dem hier anwesenden, am Telegraphenamt angestellten Malkowicz abgefangenen Indiskretionen zufolge, am heutigen Tag einen verhängnisvollen Vertrag unterzeichnet haben, der einen gegenseitigen Nichtangriffspakt zwischen ihnen besiegelt.»

Dieser Mann, der die wichtigen Stationen der Geschichte von Drohobycz verkündet hatte, blickte sich unter den Zuschauern um, um die Stärke der Spannung zu messen, und fuhr fort: «Sie zerreißen also die Schleier der Wahrheit, und die Wirklichkeit liegt nackt und bloß vor unseren Augen. Freunde! Wir sind ein Fußabtreter vor den schlammverschmierten Stiefeln der Geschichte! Brüder! Wir sind der Knochen, der bereit ist, sich von den Wölfen entfleischen zu lassen! Bewohner Galiziens! Die Jagd hat begonnen!»

So ausgesprochen, mit dem unerschütterlichen Stolz dieses Greises, aber ohne den Widerhall der früheren Rhetorik, wie sie für die Bekanntmachungen des Drogisten typisch waren, drangen diese Worte wie scharfe

Messerklingen in uns ein und zerschnitten jede noch verbliebene Hoffnung, daß die Zukunft eine andere Farbe als die der finstersten Nacht haben könnte.

Auf Włodarskis Äußerungen folgte eine vollkommene Stille, angefüllt mit den Überlegungen über unsere Zukunft, die jeder von uns in jenen entscheidenden Minuten in seinem Inneren anstellte. Vor uns allen schien sich klar und deutlich das Warten auf ein Schicksal gejagten Wildes abzuzeichnen, bei dem uns einzig die Wahl geblieben wäre zwischen den Gewehren der deutschen Rassenordnung, über die wir in letzter Zeit unselige Nachrichten erhalten hatten, und dem Feuer der russischen Pogrome, deren unauslöschliche Spur der alten Erinnerung wir im Blut hatten.

Niemandem gelang es, noch etwas zu sagen. Wir traten nur ein wenig zur Seite, um Włodarski durch das Menschenspalier hindurchzulassen. Wir sahen zu, wie dieser Protagonist der Geschichte von Drohobycz, den Arm von seinem Sohn David gestützt, sich langsam entfernte, behindert von der Gicht und dem Gewicht allzu vieler Nachrichten, die anzukündigen ihm das Schicksal auferlegt hatte, und wie er jetzt betrübt auf das Haus zuging, in das er sich zurückziehen und abwarten würde.

2

*Von der entgegengesetzten Seite –
Zur Hinrichtung bereit – Ein Geschenk von Czarski –
Denken Sie darüber nach! – Endlich die Preußen*

Das Warten dauerte nicht lange. So, wie der Kaiser Serbien an dem Tag, an dem Hoffman meinen Vater um die Hand seiner Tochter bat, das verhängnisvolle Ultimatum gestellt hatte, so richtete Deutschland an unsere Regierung eine Reihe von unannehmbaren Forderungen und scherte sich in der Eile und angesichts des Getöses der bereits marschierenden Heere nicht einmal darum, die Antwort abzuwarten.

Aus den Räumen des Café Schnitzler und aus den Zimmern der Häuser, die bereits in ein die Unabwendbarkeit unseres Schicksals anerkennendes Schweigen verfallen waren, sahen wir vom Platz aus ausgefranste Prozessionen polnischer Soldaten aus westlicher Richtung herannahen, vorüberziehen und die Luft wie verfrühte Schneeflocken schwängern. Mit stummer Angst folgte die Stadt ihrem ungeordneten Lauf, ohne den Mut zu haben, von jenen Blicken Nachrichten zu erfragen, ohne von den blendenden Augen, denen Drohobycz nichts als seine Präsenz darzubieten wußte, die Gründe für die zerrissenen Jacken abzulesen.

In jenen frühen Herbsttagen waren wir, während wir mit Herz und Körper schwebten, um die von der westlichen Front kommende Luft zu schnuppern, von der starken Flut überrollt worden, die in unserem Rücken, aus dem Osten, heranschwappte. Auf dieselbe Weise, mit der absurden Choreographie eines gigantischen, von einem Wahnsinnigen ersonnenen Balletts erschienen dieselben Soldaten, die wenige Wochen zuvor den Platz in östlicher Richtung überquert hatten, wieder vor den Tischen des Café Schnitzler und schleppten ihre Schritte auf einen Weg, der bereits kein Ziel mehr hatte.

Zur Bestätigung von Włodarskis Worten stellte sich heraus, daß die Geschichte und ihre Ereignisse jede Logik haben, die man finden will, je nach der Richtung, aus der man sich anschickt, sie zu betrachten, und zwar ohne dabei von der Ehre, der Tradition oder dem gesunden Menschenverstand behindert zu werden. Aus den Fenstern des Café Schnitzler trat deutlich zutage, wie ein offizieller Friedensvertrag, verfaßt von zwei Nationen, gelesen werden konnte wie der unausgesprochene Wunsch, sich die Beute, die wir waren, gleichmäßig untereinander aufzuteilen.

Auch dieses Mal kamen sie in der Nacht, zerbrachen wie immer unseren Schlaf, zwangen uns, von den Fenstern aus dem langen Alptraum einer langsamen und unerbittlichen Parade von Wagen und Anhängern, vollgestopft mit Männern und Eisenschrott, beizuwohnen. Alle riefen sich jenen berauschenden Morgen ins Gedächtnis, an dem unser Drogist sich angeschickt hatte, die strahlende Zukunft eines Zeitalters anzukündigen, das die Klugheit besaß, die Zeit mit der diskreten Würde eines Seufzers zu füllen.

Geschmückt mit den roten Fahnen der Armee und angelockt von dem ohrenbetäubenden Lärm verstopfter Explosionsmotoren, strömten Tausende von Menschen auf den Straßen von Drohobycz wie verdicktes und gezuckertes Blut, das sich der Venen eines bereits aufgegebenen Körpers bemächtigt hat.

Dieses Mal bedurfte es, für einen bereits erklärten Akt, nicht der Ankündigung des Drogisten. Die einzige Überraschung blieb jener langsame Einfall aus der schicksalhaften entgegengesetzten Richtung, die sich, alles in allem, als seine letzte spöttische Grimasse erwies. Es blieben jener unendliche Zug von Menschen und müden Autos, die die ganze Nacht und am folgenden Morgen die Straßen befuhren, welche bis dahin so ruhig gewesen waren, das kreischende Geräusch der stählernen Raupenketten und die von den Stiefeln aufgewirbelten Wolken des Staubes, der auf unsere Häuser niederfiel und über sie einen Schleier aus immerwährender Traurigkeit legte.

Die Russen breiteten sich über Drohobycz aus wie einst die Kaiserlichen Erdöltruppen und ließen sich keine andere Absicht anmerken als die, auf etwas ganz anderes zu warten als den ruhigen Aufenthalt, zu dem sie sich jenseits des gewundenen Bandes der Tyśmienica eingefunden hatten.

Als seien sie herausgeschlüpft aus der schlaftrunkenen Erinnerung an die Werkzeuge und Geräte des Glücklichen Zeitalters, defilierten die Reihen der Invasoren an uns vorbei und beobachteten uns aus den stählernen Panzertürmen, dehnten sich zu langen Prozessionen aus weißen Männern aus, die eine geistesabwesende, grimmige Miene, aufgemeißelt auf Kindergesichter, zur Schau trugen.

Sie stellten sich in Gruppen auf, nahmen mit ihren zerfasernden Kolonnen jede Straße in Besitz, wobei sie in der Luft einen Kasernengeruch verbreiteten, der, ungeachtet der Feuchtigkeit, des Regens und des Windes, an den Mauern unserer Häuser kleben blieb.

Sie besetzten den Platz mit Geschützen und eingemummten Männern, stellten sich an den Seiten des großen Platzes, unterhalb der Mauern des Rathauses, auf und blieben dort den ganzen Tag in Erwartung von etwas, was früher oder später eintreffen würde.

Es war ein schnelles Auto, glänzend und mit geöffnetem Verdeck, das über den Porphyr brauste, als die Sonne bereits beschlossen hatte, hinter der Kirchenmauer unterzugehen. Seine Durchfahrt straffte die Schlaffheit der Soldaten, sie war ein Peitschenhieb, der über ihre resignierten Gesichter knallte. Der Wagen blieb nach einem abrupten Bremsen vor den Treppen des Rathauses stehen, und sogleich stürzte ein Offiziersbursche herbei, um die Tür zu öffnen.

Heraus stieg ein unglaublich großer und korpulenter Mann, eine Art Monument, das einen Augenblick stehenblieb, um vor der absoluten Regungslosigkeit der aufgestellten Truppen um sich zu blicken.

Erst als sie vom Balkon des Gebäudes herabschallte, hörten wir, wie sich seine Stimme in einer Kaskade von Worten entlud, die nur einige von uns verstehen konnten, ansonsten aber verwechselt wurden mit Gebrumm und mißtönenden Kinderreimen, die an etwas vor jenem Mann in der Luft Baumelndes gerichtet waren. Es war der Kommandant Kirijakow, und er ergriff Besitz von der Stadt, indem er sich bemühte, auf diese Weise dem Bürgermeister Woliński Anweisungen zu erteilen, der, mit zitternder Stimme, dem schweigenden Platz die Laute übersetzte, die der hohe Militär ihm ins Ohr sagte.

So erfuhren wir über diesen unvorhergesehenen, musikalisch weitergeleiteten Befehl, daß unsere nächste Zukunft die Abschaffung des Privateigentums, den Umbau der Wirtschaft, die Aufhebung der gesellschaftlichen

Klassen und die radikale Änderung der Produktionssysteme von Waren und Werken sehen werde.

Zwischen den Tischreihen bei Schnitzler verbreitete sich die Sorge wegen so vieler und so radikaler Veränderungen, von denen einige vollkommen unverständlich waren für eine Gemeinschaft, zu deren natürlicher Verfassung die Gesten und die Gedanken des kleinen Handels und ein angeborener Respekt vor den gesellschaftlichen Unterschieden gehörten. Aber diese Sorge verflüchtigte sich allmählich, denn im Laufe der Wochen schmolz die Anwendung solcher Vorsätze zuerst angesichts des schlafbringenden Wintereinfalls und dann unter der Heiterkeit des darauf folgenden Frühlings nicht nur dahin, sondern erledigte sich auch dank des offenkundigen Verschwindens Polens von den Landkarten von selbst; untereinander bezeichneten wir uns aber dennoch als «Genossen», denn wir waren tatsächlich Genossen, verbunden durch ein Schicksal, das sich düster und schwierig vor uns abzeichnete.

Die Russen, die sich frei zwischen den Häusern von Drohobycz bewegten, beschränkten sich darauf, jene zähflüssige Zeit an einem Ort vergehen zu lassen, der gewiß nicht der Schauplatz von Entscheidungen und Handlungen war, welche an der Geschichte auch nur kratzen würden, denn der Krieg hatte seinen Blick bereits auf andere Orte geworfen.

Deshalb begnügten sie sich damit, ins Café Schnitzler und in die Wirtshäuser einzufallen, in denen man sich darauf verstand, ungarisches Gulasch und Bratlinge aus Kraut und Pilzen zuzubereiten. Sie verbrachten die Abende in wilden Gruppen und waren, wie Heuschreckenschwärme, imstande, mit einem Schlag das ganze Regal einer Weinhandlung zu leeren.

In dieser Pattsituation ertrugen die beiden Seiten die

Tage wie die unvermeidliche Unannehmlichkeit eines Wartens auf etwas Entscheidenderes als jene allgemeine Ungewißheit. Daher war meine Besorgtheit verständlich, als ich, einige Zeit nach der Einsetzung der neuen Regierung, dringend zur sowjetischen Kommandantur gerufen wurde, wo ich den Bürgermeister Woliński sichtlich erregt antraf. Das empfindliche Gleichgewicht, das sich zwischen der erobernden Armee und der überfallenen Stadt herausgebildet hatte, duldete keinerlei Provokationen. Er hatte alle seine diplomatischen Fähigkeiten aufgeboten, um die Gemüter zu beruhigen und dem Zorn der Russen zu erklären, daß es sich um den beklagenswerten Fall einer kranken und vom Schicksal geprüften Frau handele und daß man daher keinen noch so absurden Wunsch, den diese vorbringe, für real halten dürfe.

Zu meinem größten Erstaunen mußte ich daher Hania mit nach Hause nehmen, die, ausgestattet mit Mantel und Koffer, bei der Kommandantur vorstellig geworden war und ihr endloses Schweigen unterbrochen hatte, indem sie vor dem monumentalen Gesicht des betroffenen Kirijakow einen einzigen, aber unzweideutigen Satz ausgesprochen hatte:

«Ich bin zur Hinrichtung bereit.»

Ich selbst führte mein Leben weiter und fühlte bald meine familiären Sorgen, bald die drückende Last der schulischen Pflichten auf mir lasten. Noch einmal gab ich mich Illusionen hin, deckte die Unabweisbarkeit der Lage und die Wahrheit von Emrams Worten mit der unsinnigen Hoffnung zu, mich dem Lauf der Dinge entziehen zu können. Aus der Stille, in die sich Drohobycz geflüchtet hatte, beschlossen manche zu fliehen, setzten sich unauffällig ab, mit plötzlichen Fluchten und unerwarteten Abwesenheiten in jenen Familien, die über Jahre das Gefüge der Stadt ausgemacht hatten.

Noch bevor die Dinge sich überstürzten, hatte Amerika Dutzende von Menschen angezogen, wie ein Magnet die Eisenspäne. Die Diskussion über das Gelobte Land, das Rebbe Cohen mit imaginären, den heiligen Schriften entnommenen Phantasien schilderte, wurde von einigen mit einem Sprung über die Ozeane in die Tat umgesetzt, von anderen mit der Überquerung der Karpaten hin zu irgendeinem Ort mit einem stillen Hafen im Hintergrund, wo sie auf die Ankunft des Messias warten konnten.

Mehrmals schrieb mir Czarski, der sich schon vor einigen Monaten unter einem französischen Namen nach Paris abgesetzt hatte, wo, wie er mir versicherte, das Leben noch akzeptabel und die Kontrollen durch die Nazis weniger streng waren. Er behauptete, über mein Schicksal besorgt zu sein, auch wenn er die Ernsthaftigkeit dieser seiner Besorgnis mit der ärgerlichen Rechtfertigung kaschierte, daß sein Interesse an mir ausschließlich von geschäftlichen Gesichtspunkten diktiert sei.

Ende Mai erschien dann eines Abends an unserer Tür ein hochgewachsener junger Mann mit einem französischen Akzent und stellte sich als Freund des Verlegers vor. Sein Name war Boutroux, und er bat mich, mit mir unter vier Augen sprechen zu können.

Der Ton dieses Mannes war höflich und ruhig, aber die Bewegungen seiner Augen und die seiner Hände verrieten eine gewisse Angst: «Man muß den Augenblick nutzen», sagte er zu mir, nachdem er sich auf das Kanapee gesetzt hatte, «die Situation ist für diejenigen, die versuchen wollen zu fliehen, noch günstig.»

Und auf meine Versicherung, daß im Augenblick keine Gefahr bestehe, erwiderte er gereizt: «Machen Sie sich keine Illusionen, sobald die Deutschen sich an der Westfront sicher fühlen, werden sie keinen Augenblick zögern, den Russen auf den Leib zu rücken.»

Dann fuhr er nach einer langen Pause, in der er den Atem und den Mut zum Weitersprechen fand, fort: «Sie haben ja keine Ahnung, was die vorhaben. Jede bisher begangene Grausamkeit ist nichts gegen ihre Pläne. Sie beabsichtigen, exakt und methodisch Lösungen anzuwenden, die Ergebnisse blindwütiger Überlegungen sind, und es werden Endlösungen sein.»

Dann zog er ein Büchlein aus seiner Jackentasche: «Den hier schickt Ihnen Czarski, er ist gefälscht, aber einwandfrei. Wenn Sie sich entschließen zu kommen, werden Sie in Paris innerhalb einer Woche Arbeit haben, getarnt mit einem deutschen Namen, der ihre Herkunft niemals verraten wird. Ich bleibe bis morgen in der Stadt, geben Sie mir Bescheid.»

Ich hielt dieses Dokument in den Händen, schlug es auf und überraschte mein unbewegliches Gesicht, das mich vom Viereck der Photographie her betrachtete. Auf der Seite daneben beschrieben die Personalien die wichtigsten Koordinaten des Lebens des Inhabers, dessen Name, in klaren gotischen Lettern geschrieben, in die Augen stach: Walter Hoffman.

Und so konnte ich mich nicht entscheiden zwischen dem Geschenk im jovialen Stil Czarkis und dem unbeabsichtigten Wink des Schicksals, der mir die Bindungen an unsere Vergangenheit um jeden Preis ins Gedächtnis zurückrufen wollte. Ich konnte mich nicht entscheiden wegen all der Dinge und des Gedankens an die Menschen, die ich in Drohobycz hätte zurücklassen müssen, der Strömung ihres Schicksals ausgesetzt, auf einem Sofa sitzend und auf die Tür eines Zimmers starrend.

Vergeblich bemühte Boutroux sich, mir zu erklären, daß Flucht im Angesicht eines Schiffbruchs nichts Unmoralisches an sich habe; mehrere Male versuchte er, mich zu überzeugen, daß dies vielleicht die einzige Möglichkeit sei, meiner Familie zu helfen, und nicht die scheinbare Ruhe von heute, die dazu bestimmt sei, hinweggefegt zu werden von der Brutalität, die die Zukunft für uns bereithalte.

Boutroux ging fort, er reiste wieder ab, ließ mir aber jenen Paß in den Händen nicht ohne das letzte und förmliche «Denken Sie darüber nach!», während ich zurückblieb, den Koffer meiner Schwester betrachtete und mich in die falsche Ruhe bettete, um noch ein Mal von den Rentieren zu träumen.

Allmählich schlich sich in die Routine der russischen Herrschaft eine leise Unruhe ein. Die Unruhe wuchs sich zur regelrechten Raserei aus in jener Nacht, in der die Panzer und die Geschütze wieder erwachten und die Stiefelabsätze in umgekehrter Richtung über das Pflaster der Floriańska prasselten.

Ein qualvolles Erwachen zerriß innerhalb weniger Stunden den dünnen Schleier, der Drohobycz in den kurzen Monaten nach der Invasion eingehüllt hatte. Es blieb keine Spur, nicht das geringste Anzeichen jener Präsenz bis auf das abschließende Schweigen, in dem uns das letzte rot aufgeputzte Kettenfahrzeug zurückließ, das vom Leboska-Platz in Richtung Osten fuhr.

In derselben unwirklichen Ruhe, die manchmal dem Aufflammen des Schmerzes vorangeht, konnten wir klar sehen, wie der Atem unserer Münder zum Verstreichen der Minuten im Schutz der Hausmauern den Takt angab, während sich auf den Straßen der Staub wieder auf jene Wege legte, die ihm jahrhundertelang als Bett gedient hatten.

Neben jenem unterdrückten Atmen wuchs allmählich ein anderer Luftstrom heran, der um einiges tiefer und dunkler war, ein Beben, das, mächtig anschwellend, zwischen den Stadtteilen von Drohobycz den triumphierenden Aufmarsch neuer Legionen brachte, denen die schwarzen Uniformen der Besatzungstruppen vorangingen, die sich der Stadt bemächtigten, ohne sich auch nur zu einem Gähnen genötigt zu sehen.

Hinter der Fensterscheibe, hinter den Mündern meiner drei Neffen und den müden Augen meiner Mutter griff ich auf das Erbe meines Vaters zurück und ließ ihm, endlich mit Fug und Recht, ein für allemal Gerechtigkeit widerfahren, indem ich feststellte:

«Jetzt also sind die Preußen da.»

3

*Der Genius teutonicus – Der Abschied vom Haus –
Gott mit uns! – Der Zwerg des Kaisers –
Blätter im Wind*

Noch einmal quietschten vor den aufgestellten Truppen und unseren verschlafenen Augen die Gummireifen eines blitzblanken Autos, dem, nach einer abrupten Bremsung vor den Treppen des Rathauses, ein monumentaler Offizier entstieg.

Noch einmal wurden vom Balkon Worte über den Platz geschleudert, dieses Mal mit einem gutturalen Kläffen hinausgebrüllt, das sich unseren Köpfen gewaltsam einprägte und von der Stimme des Bürgermeisters Woliński nicht übersetzt zu werden brauchte. Es war der Hauptmann Winkler, und seine Schreie unterschieden sich sehr von der Stimmführung, in der die Sowjets ihre Proklamationen unnützerweise vertont hatten. Sie flogen vom Balkon herab wie trockene Gewehrsalven und explodierten sofort in rigorosen Handlungen, wodurch sie uns zu verstehen gaben, daß der *Genius teutonicus* sich auch durch die Emsigkeit bei der Ausgabe von Erlassen und der beinahe ununterbrochenen Erteilung und Durchführung von Vorschriften, Befehlen, Auflagen, Zählungen und Bestandsaufnahmen auszudrücken verstand.

An den Türen unserer Häuser begannen Gruppen von Soldaten aufzutauchen, die uns zwangen, ganze Stapel von Erklärungen und Fragebogen auszufüllen. Wir hörten unsere Stimme jedes Detail unserer familiären und sozialen Beziehungen erläutern, die eigenen Personalangaben erkunden und, damit verbunden, jede Art von Besonderheit, sei es religiöser, rassischer, technischer, kultureller oder ästhetischer Natur, die registriert und überprüft wurde, um dieser Gemeinschaft von Seelen, die Drohobycz einmal gewesen war, die neue und perfekte Ordnung des Dritten Reiches beibringen.

Mit Präzision und Methode wachten wir am Morgen auf und versuchten, unbemerkt durch jenes Labyrinth von Verboten und Vorschriften hindurchzuschlüpfen, und redeten uns ein, daß die Beachtung dieses komplizierten Spinnennetzes von Pflichten uns irgendwie die Rettung vor etwas garantierte, was niemand von uns offen auszusprechen wagte.

Statt dessen aber waren wir zum Fang freigegebene Fische und durchschwammen eifrig die immer enger werdenden Korridore unserer Fangstelle. Unser Leben wurde auf den Kopf gestellt und in eine andere Dimension katapultiert, und der Raum, durch den wir unsere immer unsicherer werdenden Schritte lenkten, wurde von Tag zu Tag kleiner, den Reglementierungen hörig, zusammen mit unserer Persönlichkeit aufgezehrt. Wir waren keine Menschen mehr, sondern Klassen, Typologien und Zahlen, die fleißig in die Papiere und die Diagramme eingetragen wurden, welche in den Sälen des alten Gemeindehauses ausgehängt wurden.

Wir, die Verstoßenen, wurden durch das Sieb geschüttet wie grober Bausand, aussortiert und ausgesondert, um auf einem Haufen die einzigen Ziegelsteine zurückzulassen, die zum Bau der uns selbst zugedachten Käfige dienen sollten.

An einem Morgen, an dem das Licht so blendete, daß

es einen verletzen konnte, trommelten Winklers Männer uns auf dem Platz zusammen und stellten uns, in Befolgung der Schreie der Buchhalter des Reiches, in numerierten Reihen auf. Ertrunken im unverschämten Licht einer Sonne, das sich uns wie die Vorwegnahme unseres Schicksals darstellte, ließ man uns stundenlang warten und befahl uns zu schweigen und absolut still dazustehen.

Auf diesem vertrauten Platz, der für uns alle der Spiegel gewesen war, auf dem wir unser Leben in ruhige Promenaden aufgelöst hatten, blieben wir stundenlang stehen, umgeben vom Geruch jener Mauern, die jeder Invasion standgehalten hatten. Unsere Gedanken schlangen sich ineinander, vermischten sich miteinander und hoben sich durch die Hefe unserer niemals erklärten Verzweiflung, und über unseren Köpfen dehnten sie sich in einen Nebel aus, der so dicht und weiß war, daß er an Brot erinnerte. Eingetaucht in jene milchige Atmosphäre hörten wir wie in einem Traum Winklers Stimme von oben herabdröhnen, unsere gesenkten Köpfe umschwirren und uns befehlen, unsere Häuser zu verlassen, um uns in einen Winkel der Stadt zurückzuziehen.

Es erhoben sich keine Kommentare oder Stimmen, niemand von uns zerriß diese hypnotische Erscheinung von Worten aus dem Nichts, während wir geordnet vom Platz defilierten und uns auf den Weg zu den genannten Orten machten. Nur dieser Nebel begleitete uns, nur dieses Kondenswasser, das unser Leben ausgeschwitzt hatte, ließ auf uns selbst einen Regen aus kleinen Tropfen Feuchtigkeit fallen, bei denen es sich um nichts anderes als um unsere stummen Tränen handelte.

Diese begleiteten uns von da an wie ein Kennzeichen, das uns eindeutiger unterschied als der Stern, den wir ihren Anordnungen gemäß auf unsere Brust nähen mußten, zum Zeichen der endgültigen Veränderung, in die ganz Drohobycz versank.

Diese schmerzhafte Revolution schien Hania nicht im geringsten zu stören; vielmehr wurde sie wenige Tage nach der Ankunft der neuen Herren bei der deutschen Kommandantur vorstellig, Mantel und Koffer in der Hand, so, wie wenige Monate zuvor bei der russischen.

Dieses Mal wurde ich nicht einbestellt, um sie wieder abzuholen. Später erfuhr ich von Woliński, der den Blick auf den Boden heftete, daß die absurde Erklärung meiner Schwester nur eine vorübergehende Verlegenheit auslöste, die auf die Überraschung und folglich auf die Schwierigkeit zurückzuführen war, ihren Namen auf der endlosen Liste unter der Rubrik «Juden – weiblich» zu finden, ehe ein eifriger Soldat, der mit der Buchhaltung beauftragt war, sich damit begnügte, ihn mit einem akkuraten Bleistiftstrich neben der Zeile abzuhaken, um sie dann ohne Einwände zum nahen Quartier der SS abführen zu lassen.

Im Morgengrauen eines Julitages, den aufzuwärmen nicht einmal einer allzu frühen Sonne gelang, bereiteten wir uns darauf vor, aus dem Haus in der Floriańska auszuziehen. In Befolgung der uns erteilten Anweisungen hatten wir die Nacht damit zugebracht, die wenigen Dinge auszuwählen, die wir, den Vorschriften zufolge, in unsere neue Bleibe mitnehmen durften. Es war eine lange und schmerzliche Nacht gewesen, in der die Phantasmen der Vergangenheit plötzlich in den geöffneten Schränken erschienen, in den Koffern, die man seit Jahren in den sich selbst überlassenen Zimmern vergessen hatte, und aus jedem anderen Winkel dieses Hauses, das die ganze Familie hatte kommen und gehen sehen.

Die Sichtung der Dinge versetzte der Luzidität meiner

Mutter den Todesstoß; es war eine unerträgliche Anstrengung – vom Lächeln über die wiedergefundenen, mottenzerfressenen Ärmelschoner, die sie einst für Jakub angefertigt hatte, bis zum verzweifelten Weinen über eine in einem Scharnier verfangene Photographie, die sie unerwartet mit dem bereits vergessenen Gesicht meines auf dem Balkan vermißten Bruders konfrontierte.

Aus den Kisten kamen vielfarbige Säckchen hervor, in denen mein Vater die einhundertdreißig Sorten Salz katalogisiert und beschrieben hatte, die zu untersuchen er sich vorgenommen hatte; es belebten sich aufs neue die unseligen Gummiseile, Hoffmans Freude und Ruin, und neues Leben kam auch in die Stapel der kindlichen Zeichnungen, die den Scheiterhaufen vor Pessach entgangen waren, vom Genie eines Knaben koloriertes Krähen, das sich jetzt, während dieser Vorbereitungen auf ein kollektives Begräbnis, als mißtönend erwies.

Wir fanden ferner die Schnittmuster, die Danuta verwendet hatte, um sich ihre Kreuzfahrtkleider zu nähen, und die Haufen exotischer Insekten, die die verhängnisvolle Schlaflosigkeit meines Vaters ausgelöst hatten. Bücher, vom Gedächtnis begraben, Weltkarten, Spuren niedergeschriebener Ideen, ins Dunkel der Schubladen geworfen, und gewöhnliche, alltägliche Gegenstände, die in jenen Stunden bürokratischer Aussonderung den gleichen Wert annahmen wie ein prall mit Wasser gefüllter Schlauch inmitten einer Wüste.

Meine Neffen sahen verdutzt zu, wie diese Teile unserer Geschichte wie die Kobolde aus dem Wald hervorsprangen. Für die Dauer weniger Stunden erhellten sich ihre Augen beim Anblick dieser bis dahin unbekannten oder für tot gehaltenen Dinge, und ihre Ohren öffneten sich zum ersten und zum letzten Mal für meine Erzählungen und die ihrer Großmutter, die wir für jeden

Gegenstand, den das Haus aus seinen Verstecken ausspie, eine Geschichte und einen Kuß, einen Fluch und eine Liebkosung fanden.

Diese inzwischen erwachsenen Kinder, die umgeben von der Stummheit ihrer Mutter, der resignierten Müdigkeit ihrer Großmutter und der Nichtigkeit eines unzugänglichen Onkels aufgewachsen waren, konsumierten in einer einzigen Nacht die unterirdische Kraft dieser Dinge, sie atmeten in jenem kurzen Zeitraum den ungewohnten Duft des Lebens, das einst die Räume dieses Hauses beseelt hatte, und erreichten den Morgen mit einem vagen Gefühl der Sehnsucht nach dem, was es, im Guten wie im Schlechten, gewesen war.

David Włodarski, der zum Quartiervorsteher ernannt worden und als solcher den Deutschen gegenüber für die erfolgreiche Beendigung der Räumung verantwortlich war, traf uns in diesem ambivalenten Zustand an, schwebend zwischen dem stechenden Schmerz der Verletzungen durch die Erinnerungen und den milden Rauschgefühlen, die uns diese nicht enden wollende Nacht geschenkt hatte.

Wir stiegen die Treppen des Hauses mit den wenigen Dingen hinunter, die wir mit uns tragen durften, nicht mehr als das, was in ein paar Koffer und auf ein Stück jenes Wagens paßte, den wir uns mit den Rosenwitzens und den vierzehn Scholems teilten. Die Floriańska sah uns hinter den Fensterscheiben zu, wobei sie die Qualen derer litt, die wußten, daß sie ein Schauspiel sahen, welches das eigene Schicksal nur um weniges vorwegnahm.

Kaum hatte David dem Deutschen bedeutet, daß die Gruppe sich in Bewegung setzen konnte, verabschiedete sich das Haus von uns, schenkte uns seinen letzten Abschiedsgruß mit der traurigen Klage des knirschenden Pflasters, der schrillen Schreie der verbrauchten Säulen, des stummen Zerbröckelns der Fundamente, die Jahr für Jahr von unseren Leben und der beharrlichen Geduld der Insekten zerfressen worden waren. So beugte es sich nieder und stürzte ein.

Die neue Wohnung, die man uns zugewiesen hatte, bestand aus einem Zimmer, einem einzigen großen Zimmer, in dem wir uns mit Geduld und unter Schmerzen einrichteten und versuchten, unser bereits endgültig verwaistes Leben neu zu ordnen.

In Karteien eingetragen, registriert und wöchentlich unendlich oft abgezählt, ähnelten wir Kaninchen, die, in Käfige gesperrt, auf ihre Schlachtung warten. Wir waren Wiederkäuer, arme Tiere, verängstigt und gebrandmarkt mit einem gelben Stern auf der Brust. Wir verbrachten unsere Zeit auf der verzweifelten Suche nach etwas zu essen.

Unser Tag wurde in Abschnitte zerlegt durch die Kontrollen der Jäger; das waren die Wehrmachtsoldaten mit ihren Uniformen und der emblematischen Aufschrift «Gott mit uns» auf ihren Koppelschlössern.

Am Tag nach dem Umzug ins Getto wurde ich zu Professor Żywiec gerufen. Der alte, mürrische Befehlshaber dieser Schule, der die Jahreszeiten und die Regierungen hatte vorübergehen sehen, stand jetzt vor mir, den Blick gesenkt, die Hände hinter dem Rücken, und versuchte, geeignete Worte zu finden, die an mich zu richten waren. Vor ihm, auf dem Schreibtisch, lag ein Blatt der Militärkommandantur, das diesem Mann, der immer Methode und Präzision gepredigt hatte, etwas vorgab. Wie von einem plötzlichen Mut ergriffen, straffte er den Rücken, trat näher an den Tisch heran und begann vorzulesen: «Gemäß dem höheren Befehl, der mit eigenem Rundschreiben des Gouverneurs von

Polen, Frank, und von dem für die Stadt Verantwortlichen, Winkler, erteilt wurde, weise ich Sie darauf hin, daß Nichtarier kein öffentliches Amt bekleiden und keine Lehrtätigkeit ausüben dürfen. Daher teile ich Ihnen mit, daß Sie mit dem heutigen Datum Ihre Stelle aufgeben und sich zurückziehen müssen.»

Ich hörte mir diesen Satz stehend und schweigend an, wie es meinem Rang geziemte, und verspürte keine andere Überraschung und kein anderes Bedauern als die Sorge, ohne das kärgliche Gehalt auskommen zu müssen.

Ich verbeugte mich vor dem alten Schuldirektor und verabschiedete mich mit diesem Gedanken im Kopf, bereit, diese Räume zu verlassen, die ich in all den Jahren niemals lieben gelernt hatte.

Zu meiner Überraschung wurde ich, ehe ich die Tür öffnete, von Żywiec' Hand zurückgehalten, der mich zu sich drehte und sich auch im Augenblick größter Verlegenheit bemühte, unter keinen Umständen die Strenge außer acht zu lassen, auf die er immer so stolz gewesen war, und er sagte: «Gestatten Sie mir, Ihnen mitzuteilen, daß es mir leid tut», und auf meine schüchterne Andeutung eines Dankes hin zog er mich an sich und umarmte mich.

Eine Hand auf meine Schulter legend, verabschiedete er sich mit einem Wunsch, der mir ein Lächeln entlockte: «Viel Glück», sagte er, «und Gott sei mit Ihnen.»

Wenige Tage danach kam am frühen Morgen ein Soldat der SS, um mich festzunehmen. Unwirsch klopfte er an unsere Tür und zwang mich ohne eine einzige Erklärung, ihm zu folgen. Wie Vögel, die im Reservat auf die Äste gesetzt wurden, unterzogen sich unsere Seelen jeden Tag dem Terror plötzlichen Verschwindens, mysteriöser Verhöre, zu denen Freunde, Angehörige und Bekannte vorgeladen und niemals wieder freigelassen wurden. Ich ging mit diesem Mann in der gleichen Gemütsverfassung wie ein Lamm, das dem Schäfer zum Schlachthaus folgt.

Im Gemeindehaus ließ man mich in das Zimmer von Scharführer Landau vor, der mich in einem seltsam liebenswürdigen Ton fragte, ob ich der Urheber des Freskos an der Mauer vor dem Eingang zum Park sei, das einen häßlichen Buckligen zeigte, der mit einem Bären tanzte.

«Hier ist also mein Genie», dachte ich, «hier nun endlich die Klinge, die diesen allzu großen Kopf abschneiden wird, diesen Kopf, der sich darauf versteift hat, die Linien und die Farben der Welt darzustellen», und bot mein Haupt dem befreienden Schwert dar.

Zu meiner allergrößten Überraschung zeigte sich der Nazi zufrieden, wollte den Grund für diese ungewöhnlichen Motive wissen und erkundigte sich nach meinem Lebenslauf und meinen technischen Fähigkeiten.

«Sehen Sie», sagte er, «wir sind keine ungebildeten Barbaren. Ich habe die Kunst immer hoch geschätzt, ich habe immer geglaubt, daß Kunst und Können irgendwie unterstützt und geschützt werden müssen, denn das Genie ist etwas Besonderes, etwas Heiliges und Diabolisches, das wir nicht einfach mit einem Schwertstreich zerschlagen können.»

Ich würde also von ihm geschützt werden, wie ein seltenes Tier, ich würde mich freier als andere durch das Reservat bewegen, um das Haus, das Landau sich in der Nähe des Teichs von Ruski einrichtete, auszumalen und zu dekorieren. Ich würde Täfelungen zeichnen, Stuck verzieren und Wände mit Fresken schmücken, ich würde ein kleiner Zwerg sein, der, sich zu Füßen seines Kaisers verneigend, Farben auftrug.

Wir waren Blätter im Wind, und welchen Willen, welche Würde konnten wir haben, außer uns im Schlaf still niederzulegen? Es gab keine offenen Straßen, es gab keine anderen Auswege außer denen, die in uns selbst waren. Wo ich leer und verwüstet war wie das Haus.

Auch mein Genie nützte mir wenig: um alberne Porträts von Henkern anzufertigen, die sich für Mäzene hielten, von Seelenschlächtern, die rational bis zum Wahnsinn waren, und um die Unwahrheiten des wirklichen Anblicks der Welt wiederzugeben.

Ich ließ zu, daß die schneidenden Blicke derer auf mir ruhten, die es lieber gesehen hätten, wenn ich der Messias gewesen wäre, die wollten, daß ich der Krieger des Pinsels und des Schwertes gewesen wäre, mit dem ich die Ketten hätte durchschlagen und den Weg ins Gelobte Land freimachen können, das uns oben, unten, hinter und vor uns erwartete.

Doch die Vormittage waren die wild gewordenen Hunde, die unsere Beine ankläfften, waren die unendlichen Schlangen auf der Suche nach steinharten Kartoffeln und nach kohlschwarzem Brot. Kleider, die auf Eisendraht gehängt waren, zerkratztes Geschirr und ausgerissene Schuhe, die keine einzige Geschichte zu erzählen wußten.

Auch meine Träume waren verwelkt, ausgetrocknet wie früher einmal die Tapeten im Haus: Von all den Tieren sah ich nur noch den leidenden Blick jenes verwundeten Rentiers, das versuchte, unbemerkt bis zum Waldrand zu entschlüpfen. Wie ich es in den kalten Straßen von Drohobycz tat.

4

*Gebete und Illusionen – Der Abzug der Modepuppen –
Der Schlaf des Gettos – Auf der Suche nach dem Messias –
Die Niedertracht der Dinge – Das Vögelchen
ist aus dem Nest gekrochen – Das ist mein Leben*

Tag und Nacht ernährten wir uns von Angst, wir sammelten uns in einer Herde, drückten uns aneinander und versuchten, das Unglück jedes einzelnen zu einem gemeinsamen Leid aufzutürmen, um es in etwas Starkes zu verwandeln.

Abends versammelten wir uns im Haus von Ben Goldstein, dort, wo uns jetzt das, was früher einmal sein Seifenlager gewesen war, als Synagoge diente. In den Gebeten, die wir an einen Gott richteten, der uns verlassen zu haben schien, tauchte immer öfter die Hoffnung auf den Messias und die Bitte um ihn auf. Im Dunkel jenes Zimmers, das von ein paar Kerzen kaum aufgehellt wurde, beschrieb uns Rebbe Cohen, wie unser Retter aussehen würde: «Er gürtet seine Lenden und führt Krieg gegen seine Feinde», verkündete er mit himmelwärts gewandtem Gesicht, «und bringt Tod über Könige und Herrschende. Und die Flüsse sind rot von Blut.»

Hunderte von Augen sahen jene apokalyptischen Bilder in der tiefen Sehnsucht nach der unmöglichen Wahrheit. Vor unseren verschlissenen Kleidern sahen wir die zerrissenen Uniformen der Krieger, durchtränkt vom Blut der Feinde, das der Messias wie den Most aus der

Traube keltern würde; neben unseren von der Kälte abgehackten Händen blutete ihr Fleisch, das ganze Hügel bedeckte. Wie schön waren die Augen des Königs, und weiß seine Zähne, weißer als Milch, und auf den in Flammen stehenden Karpaten erstrahlten der Wein und das Getreide wieder, aber unter der Führung und Herrschaft Dessen, Der uns retten würde.

Elende Macht der Hoffnung, des verlogenen Zaubers von Worten, die einer Herde zerfetzter Seelen leuchtende Bilder spendeten, um dann, sobald die spitzen Töne der Stimme des Rabbiners erloschen wie das Feuer, dem das Holz für den wehmütigen Abschied des So sei es ausgeht, wieder der Kälte, dem Dunkel, dem Gestank und dem Schmerz Platz zu machen.

Plötzlich kamen die Hunde, heulend und mit ihren spitzen, weißen Zähnen die Luft zerbeißend, und zogen ganze Rudel finsterer Schatten hinter sich her, die Befehle und Drohungen bellten. Abrupt zerbrachen sie die falsche Ruhe des Schmerzes, als dieser nicht mehr die Kraft hatte, sich zu beklagen; sie verstießen mit ihren schroffen und mechanischen Gesten gegen jene barmherzige Diskretion, schwangen Knüppel, Gewehre und Peitschen. Es war ein Abzähltag, es war ein Tag, an dem in den Listen nachgesehen wurde und unsere Leben, den unerforschlichen Wegen der Ordnung des Reiches folgend, aussortiert wurden.

Nachdem die Türen mit Stiefeln eingetreten und ohne Unterlaß Namen gebrüllt worden waren, wurden die Ausgelesenen in der Mitte der Straße in Kolonnen aufgestellt, von den Treppen der Häuser herabsteigend, wurden sie geschoben und mit Stockschlägen ermahnt, wie das Wasser von über die Ufer tretenden Bächen, das die Mitte eines Todesflusses speist.

Ben Aszkelwicz, der Telegraphist, wurde festgenommen, als er gerade vom Brunnen zurückkehrte, und er ließ seinen vollen Eimer neben der Einfriedungsmauer des Gemüsegartens von Belstein zurück, und dieser Eimer blieb dort stehen, um vergeblich auf ihn zu warten, denn keiner von uns hatte den Mut, ihn in die Hand zu nehmen.

Ibrahim Scholem starb auf den Stufen, angetrieben von Fußtritten, je einen für jedes der vierundsiebzig Jahre, die er damit verbracht hatte, in der Volksschule von Drohobycz Geschichte zu unterrichten.

Der Maurer Karlowicz und der Dienstmann Grandstein mußten als Zielscheiben für die Luger von Günther, dem schwarzgekleideten Scharführer der Schutzstaffel, dienen.

Marta Rosenzweig und ihre Schwester Rosie zu Tode gepeitscht, Aaron Belheim und Benjamin Sirat mit von Keulenhieben zerspaltenen Schädeln; Mendelssohn und Guttman, Vettern und Makler, fielen irgend jemandem in die Hände, der sie aufknüpfte, weil sie gewagt hatten, ohne seine Erlaubnis die Einfriedung zu verlassen, um einen Blick auf jene Häuser zu werfen, die zu verkaufen und zurückzukaufen früher einmal in ihrer Macht gestanden hatte.

Auch meine drei Neffen, die scheuen Hoffmans, die niemals das Licht von Drohobycz sahen, wurden von jenem wilden Strom fortgerissen, ausgesucht für eine schwere Arbeit, die sie innerhalb weniger Tage unter den Steinen zermalmte, die in der Märzkälte aufeinanderzuschichten waren, um die Straßen und die Brücken zu errichten, nach denen ihr unbekannter Onkel auf dem fernen Balkan gesucht hatte. Sie starben gemeinsam, wie sie auf die Welt gekommen waren, und niemand hatte die Möglichkeit, diesen armen, auf einen Haufen geworfenen Leichen ein Wort des Friedens oder auch nur ein Lächeln hinterherzuschicken.

Das Ende von tausend anderen kenne ich nicht, aufs Geratewohl gewürfelte Zahlen unserer Bewacher, aufgereiht und auf Lastwagen geladen, abtransportiert zu unserem Bahnhof, wie Schlachtvieh, dem nicht einmal mehr ein Name geblieben ist.

Auch meine Zahl lag eines Tages oben; den Würfel hatte einer geworfen, der die Pistole gegen meinen Kopf richtete, obwohl ich ihn gesenkt hielt. Ich wurde in die Gruppe gebracht, um die Menschenschlange zu vergrößern. Niemand sprach, niemand atmete, nur Blicke, ausgetauscht mit einem Gefühl der Qual, stumm und in der Kälte zitternd dastehend. Sie brachten uns zu einem langen Zug, wo Hunderte von Tieren darauf warteten, die Waggons zu besteigen. An dieser Stelle nur Blicke, nur Brüllen der Henker, nur das Eis und der starke Schmerz, den uns dieser Zug, der uns unserem Schicksal entgegenfuhr, in die Adern fahren ließ, während wir auf den Befehl warteten.

Ich wurde zufällig gerettet, weil Landau mich sah, er sah, wie sich sein linkischer Hofnarr in dem Gewirr duckte und anschickte davonzufahren. Er stieß einen gebieterischen Schrei aus und fällte dennoch ein Todesurteil. Er nahm einen anderen, der mit einer Fracht Holz vorüberging, und schickte ihn an meiner Stelle ins Nichts. Es war mein Freund, der Schreiner David Włodarski, dem die Protektion Günthers, der ihn mit Arbeiten beauftragt hatte, nichts nützte. Weil die Jäger stolz sind, befehligen sie sich gegenseitig und wollen Herren sein über unser Schicksal, ihr Schicksal, Gottes Schicksal, das Schicksal der Dinge und aller Gedanken.

Ich trat aus der Gruppe heraus, und mein Blick kreuzte den Davids. Niemand sagte ein Wort, machte eine Geste, ein Zeichen. Nicht einmal ein Weinen. Wir blieben starr, um zuzusehen, wie wir unsere Leben austauschten, ich für ihn, wir für alle.

Da bemerkte ich vom Rand des Gehsteigs aus die Modepuppen, die stummen Bewohner des alten Schaufensters, das mein Vater in aller Stille ausstaffiert hatte. Da waren sie, warteten, in Reih und Glied aufgestellt, regungslos vor den Waggons, nackt, verlassen im Regen stehend, mit ihren wehrlosen und resignierten Blicken, um noch einmal auf ihr Schicksal zu warten.

Der Schlaf des Gettos brachte imaginäre Geräusche und Atemzüge hervor, in den Träumen verfolgten schwere Schritte einander durch die engen Gassen dieses unglückseligen Ortes. Nur der Schlaf kann dem Schmerz und dem Hunger Linderung verschaffen, und aus der Seele von uns Schlummernden schwangen sich die Bilder unserer Leben in die Lüfte. An dem einzigen Ort, an den die Hunde nicht hingelangten, in den geheimsten Abgründen, vor denen die Peitschen der Peiniger innehielten, ohne eindringen zu können, nur dort unten gelang es uns manchmal zu entfliehen, den Befehlen nicht zu gehorchen und ungestört und ohne irgendeinen gelben Stern auf der Brust durch unsere Erinnerungen zu streifen.

So starb meine Mutter, in diesem Zimmer, in dem wir allein zurückgeblieben waren, um die eisige Luft der Nacht miteinander zu teilen. Im Sterben sprach sie von Danuta: «Erinnerst du dich daran, wie du sie gezeichnet hast, Bruno? Die große Eleganz und die Sicherheit, mit der sie diesem Chauffeur vom Platz das Zeichen zum Losfahren gab? Sie ist die einzige, die die Zeichnung verstanden hat, die einzige, die sich mit deinem Genie verband und die Tür aufstieß, die du ihr zeigtest. Wir sind leer und am Ende, wir sind nichts, mein Sohn, wir sind Linien und außerstande, uns anders zu zeichnen.»

Im Schlaf, der sie verschleppte, träumte sie alles, trug ihr ganzes langes Leben in dieses Zimmer und zwang mich zu einer schlaflosen Nacht, zu einem tapferen Kampf mit den Argumentationen meines Vaters, den nicht enden wollenden Wahnvorstellungen Hanias, den Sorgen wegen der Vorbereitungen für Pessach und dem unauflöslichen Schmerz über das Verschwinden ihres Sohnes, des Ingenieurs. Ihre Erinnerungen fielen über das Dunkel her, quollen aus diesem Menschen hervor, der die letzte Brücke zu mir selbst war, und auf diese Weise durchlief ich die Zeit noch einmal, aber rückwärts, im Inneren jenes Körpers, der von der Müdigkeit eines Lebens zermürbt war, das nun aus ihr wich und sie in der Gewalt des Schlafes zurückließ.

Aus den Träumen des Gettos wurde auch der Messias geboren. Er erschien aus der Angst vor der von der Mühseligkeit erschütterten Ruhe, erstand zwischen dem Brummen der alten Juden, die noch die Ruhe des Kaiserreiches erlebt hatten, kristallisierte sich triumphierend aus der Gärung der Worte heraus, die Rebbe Cohen am Abend vorgelesen hatte. Die Hoffnung auf das Gelobte Land, auf die Zukunft, würde kommen und ein für allemal jeden Zweifel darüber ausräumen, auf welcher Seite Gott stand.

Tag für Tag war diese Vorstellung für viele Sauerstoff und Wasser, sie begann zwischen unseren Häusern zu zirkulieren, in unsere Gespräche einzufließen und über das Pflaster zu rollen, das mit dem Schmutz und dem übelriechenden Schlamm des Gettos getränkt war.

Er würde bald kommen, er würde mit glühendem Schwert von den Karpaten herabsteigen, er würde die unendliche Macht seiner Stärke auf die Waagschale legen und den Bund dadurch erneuern, daß er die Deutschen so vernichtete wie einst die Ägypter, er würde die Meere teilen und die Berge versetzen, um uns endlich in das Land der Stille zu führen.

Rebbe Cohen forderte uns auf, Ruhe zu bewahren, und versuchte am Anfang noch, das Anschwellen jener beständigen Stimmen zu dämpfen, die Gefahr liefen, sich in Getöse zu verwandeln: «Es steht geschrieben: Wenn die Welt ihre Vollendung erreicht und ihre Erlösung beginnt, werden die Scharen des Bösen vernichtet und die eisernen Joche zerbrochen. Aber damit dies geschieht, lehrt die Überlieferung, müssen Schmerz, Verfolgung und Tod unser Volk stählen und es würdig machen, derselbe Schmerz, dieselbe Verfolgung und derselbe Tod, die wir ertragen, um gerettet zu werden.»

Doch trotz dieser Aufforderungen durchzuhalten, griff in der Gemeinde eine Überzeugung immer weiter um sich: Am Tag der wahren Pessachnacht würde Er in der Frühe kommen, und daher sei der Augenblick, der das Ende aller Drangsal bedeutete, nicht mehr fern.

Genau am Abend vor dem Pessach jenes Jahres kam der alte Włodarski in Goldsteins Lagerhaus, atemlos und bebend, und unterbrach Rebbe Cohen, während dieser nach einer Möglichkeit suchte, das Seder-Mahl in jener Hölle von Hunger und Armut zu rechtfertigen.

Gemäß seiner nunmehr schon ewigen Rolle berichtete der alte Drogist mit zögernder Stimme über einen prophetischen Traum: «Ich war kaum eingeschlummert, wißt ihr, umhüllt von der Kälte, die mir die Beine erstarren ließ, und habe von meinem Sohn David geträumt, er war ruhig, mit volltönender Stimme und schön, strahlend und schallend wie eine Trompete des Himmels.

Er hat mir gesagt, daß es Zeit ist. Er ist gekommen, Er

hat den Zug angehalten, in dem sie ihn angekettet hatten, und hat ihn von seiner gewaltigen Höhe herab mit den Strahlen des Feuers befreit, hat Waggons und Schienen zerschmettert, die Straßen aufgerissen und auch die Brücken und den Feind vernichtet. Die Deutschen rannten durch die Felder hinunter und brüllten wie abgestochene Kälber.»

Wir lauschten ihm mit staunenden Augen.

«Er ist hier», fuhr er fort, «nicht weit von Drohobycz, nicht mehr als dreißig Kilometer, in Richtung Myrtwice. Er sammelt die Brüder um sich, um eine Armee aufzustellen. Wir müssen los, Freunde, wir müssen zu den anderen und uns ihnen sofort anschließen, der Messias ist gekommen, und die Zukunft liegt vor uns.»

Mit diesen Worten trat er mit schwankenden Schritten aus der Tür und ließ die Anwesenden zurück, die einander ansahen, bis Rebbe Cohen zum Gebet aufforderte und dem Herrn für jenen süßen Traum dankte, dafür, daß er an das Fortbestehen des Bundes erinnerte und daß die Qualen und Schmerzen sich schon genug gelohnt hätten.

Auf das Gebet folgte die Bedachtsamkeit: Wie sollte man es anstellen, sich den anderen anzuschließen, bevor der Feind die Flucht erstickte, wie bewerkstelligte man es, daß man dieses Geschenk nicht verdarb, das Gott uns, im Einklang mit dem Gesetz, eben zu Pessach als Zeichen seiner Hilfe schickte?

Es waren fieberhafte Stunden, voller Aufregung und Weinen, Traum und Wirklichkeiten, denen man sich stellen mußte. Gehetzte Worte und Stimmen, aneinandergeklammerte Hände und Gesichter und Andeutungen von Gesängen, die Herausforderung, Stolz und Freude signalisierten und bei denen auch der Bart des Rebbe im Kreis der Tänzer glücklich hüpfte.

Am Morgen gebot der Rat der Alten Schweigen, und vor den Leuten, die infolge der letzten berauschenden Nacht bereits müde waren, ergriff Jakob Scholem, der älteste von allen, das Wort und sagte zu mir: «Geh du, Bruno, schau nach. Du bist der einzige, der sich bewegen kann, ohne Argwohn zu erregen. Nütze die Protektion deines Scharführers aus und versuche zu begreifen, was geschehen ist, weil wir es wissen wollen, wir haben den Tod satt und sind ausgehungert nach Neuigkeiten.»

Der Morgen war kaum hinter dem Nebel jenes mit Friedensverheißungen geschwängerten Frühlings aufgestiegen, und ich war der Prophet, ich der Bote, mit meinem großen Kopf und meinem Genie, ich der Vorherbestimmte, der nach Myrtwice gehen sollte, um den Messias zu finden.

Wenn dies damals die Tatsachen waren, so war Niedertracht in den Dingen, oder vielleicht irre ich mich aus Verbitterung, und nicht die Dinge waren schlecht, sondern die Menschen. Die Menschen gewiß, nicht die Gegenstände, über die wir nur stolpern, und wir schreien, kritisieren, stoßen Flüche und Beschwörungen aus gegen das, was selbst keine Schuld trägt.

Und warum also wurde ausgerechnet ich ausgewählt? Wegen der Grausamkeit der Henker oder vielleicht wegen der der Brüder, der Grausamkeit jener, die mich zwangen, ein verletztes Beutetier zu sein, oder des Mannes, der mich aufforderte zu gehen? Oder infolge meiner eigenen, ausschließlich meiner eigenen Grausamkeit, eben weil ich geboren bin, weil ich gedacht, geschrieben und gezeichnet habe. Der ich mich vielleicht nur geträumt habe.

Dann wanderte ich auf der Straße, nach der Arbeit bei

Landau zog ich los, in Richtung Myrtwice, und legte das erste Stück zu Fuß zurück, und dann, versteckt, auf Kialowskis Fuhrwerk bis zur Abzweigung von Gronków. Ich suchte im Dunkel und aufs Geratewohl in der unendlichen Ebene, wo es, wenn man Fragen an jemanden richtete, so war, als unterhielte man sich mit einem Stein. Ich war ein kleiner Flickenzwerg mit dem gelben Stern auf der Brust.

Um mir Mut zu machen, stellte ich mir ein Licht vor, etwas, das vom Himmel herabkam wie meine blasphemische Zeichnung von Gott mit den Augen des Kaisers. Doch rundum waren Felder, nur Ebenen brachliegenden Landes, Gräben mit fauligem Wasser, ausgehobene Straßen, die durch Brombeergestrüpp führten, und kleine, ins Grau gestreute Häuser, Kähne auf einem Meer verödeter Erde.

Ich hatte bereits jede Hoffnung aufgegeben, etwas zu finden, doch am Ende fand ich etwas, am Ende von allem. Es gab dort eine Erhebung, und hinter der Erhebung einen Pfahl, mit einem Mann, der daran gebunden war wie Christus ans Kreuz. Und zwei stumme Kinder, die dastanden und jenen gerade gestreckten Mann anstarrten, der an einen Vogel erinnerte, einen seltsamen Vogel, der darauf wartete, sich in die Lüfte zu erheben. Ein Schild, geschrieben in schwarzen gotischen Lettern, warnte die Vorübergehenden: «So enden die Vagabunden, die Zigeuner, die falschen Propheten und die Verwachsenen, gesäubert mit dem Knüppel, durch die Gerechtigkeit des Reiches, der Messias des Friedens.»

Es hing unter dem Hals von Emram, dem sie in ihrem Ordnungswahn den Buckel glattgeschlagen hatten. Dort war er, aufgehängt an dem Pfahl, mit aufgerissenen und vom Wind ausgetrockneten Augen, die jetzt nach vorn blickten, und nicht mehr nach unten, und sich endlich über den geraden Rücken erhoben.

Der Rückweg war ein vages Umherschweifen zwischen Haufen von Worten, zwischen Stapeln von Bildern und Lauten, die mir die Sicht durch die Tränen vernebelten. Dieses endlose Meer endete im Nichts, leerte mein Gedächtnis wie einen gewaschenen und getrockneten Korb. Ich fuhr fort, einen Fuß vor den anderen zu setzen, bis ich mitten in der Nacht in Drohobycz eintraf.

Vor dem Eingang zum Park fiel immer noch das Lächeln meines Freundes auf, des riesigen, des lebenden, mit dem Bären József, der neben ihm hüpfte. Aus meiner Erinnerung nahm ich die letzten verbliebenen Worte, die letzten Überbleibsel der Lieder, die Emram sein ganzes Leben lang in den Wind geworfen hatte, und als letzte Huldigung sang ich ihm zu seinen Füßen vor:

> Ein Zugvogel bin ich,
> Und flieg in die Welt hinaus.
> Doch jetzt sind meine Schwingen schwer,
> Und habe kein Nest als Zuhaus.

Im Getto erwarteten mich meine Gefährten mit angstvoller Unruhe, und hundert Augen umringten mich, um etwas zu erfahren. Die Münder riefen: «Der Messias, Bruno, erzähl uns vom Messias», und dann antwortete ich dem Gesicht von Rebbe Cohen, der mich fragte, wie er sei und wo, mit den Worten eines unserer Gesänge:

«Der König ist gestorben, die Königin ist verdorben, das Ästchen ist abgebrochen, das Vögelchen aus dem Nest gekrochen.»

Und zu diesen staunenden Blicken, den stechenden

Augen, die versuchten, zwischen der bitteren Ironie und dem Wahnsinn zu unterscheiden, tat ich endlich unmißverständlich die Wahrheit kund: «Seid beruhigt, der Messias ist hier, er ist hier unter uns, schrecklich, hart und schwer, fest von den Händen unserer Bewacher umschlossen.»

Hier bin ich, am Ende, allein und bar jeglicher Erinnerung, leicht und schwer, befreit vom Genie, von den Erinnerungen und vom Schmerz. Hier bin ich, um an den Mauern entlangzustreichen, hinauf und hinunter, zwischen dem Getto und Landaus Haus, mit gesenktem Kopf zwischen den Jägern hindurchschlüpfend, mit stummem Mund und trockenen, auf die Straße gerichteten Augen. Die Zeit dreht sich, sie verstreicht im Stillstand, die Tage und die Dinge immer gleich, ohne zu verletzen, ohne irgend etwas abtrennen zu können und es davonfliegen zu lassen.

Nun, da ich mich an nichts mehr von mir erinnere, erkenne ich mich nur intuitiv im Hunger, der brennt, und im Schlaf, der mich in die Leere stürzt.

Dem Schlaf ergebe ich mich in einer Ecke meines riesigen Zimmers, unter einer dicken, harten Decke. Dem Hunger entziehe ich mich mit Hilfe einiger Kartoffeln und Stücken schwarzen Brotes.

Nun, am Ende, besteht mein Leben ganz und gar aus diesen wenigen Dingen.

Es gibt nichts anderes, außer dem Schlaf und dem Hunger. Nicht einmal mehr die Angst vor dem Geheul der Hunde, vor den Hieben des Stockes, vor dem schweren Atem der Soldaten.

Ihre Befehle schlagen mir auf den Kopf, sie bringen mich zum Stehen, während ich versuche, an diesem Abend der Jagd von der Straße zu verschwinden.

Da ist der Scharführer Günther, der vor mir brüllt. Unter der Mütze ist sein Gesicht rot vor Zorn.

«Du bist der Jude von Landau!»

Ja, das bin ich, ich bin ein Jude, der sogar seinen Namen verloren hat. Ein Mann, der vielleicht Schulz hieß. Hier bin ich, ich bin der, den Landau mit einer Handbewegung gegen das Leben von David Włodarski austauschte, der Günther gehörte, sein Eigentum war wie sein Hund oder sein Gewehr.

«Er hat meinen Juden umgebracht, und jetzt bringe ich seinen um.»

Das ist die Justiz, vor der ich in die Knie gehe und endlich auf alle viere zurückkehre, auf mein Pflaster von damals. Mein Kopf ist schwer, und meine Augen betrachten die blitzblanken Stiefel. Ich erkenne dort Kratzer, Linien, Ornamente, und sie ruhen auf dieser Straße, wo es alle Dinge der Welt gibt. Alles ist hier rings um mich, hier ist die unendliche Möglichkeit, die uns gegeben ist, um das zu begreifen, was vor unseren Augen liegt.

Was für eine Anstrengung, einen so großen Kopf zu tragen, sein Gewicht zu stützen, das mich zwingt, den Blick auf den Boden zu heften.

Jetzt richte ich mich auf, hebe leicht den Kopf, bis ich den Lauf der Pistole spüre, den Günther mir gegen die Schläfe drückt.

Das also ist mein Leben.

NACHBEMERKUNG

In der ersten Hälfte der vierziger Jahre dieses Jahrhunderts wurden mehr als sechs Millionen Juden von den Nazis ermordet. Ein großer Teil von ihnen stammte aus Osteuropa. Sie bevölkerten eine Welt, die durch die methodische Umsetzung eines Projektes namens «Endlösung» praktisch ausgelöscht wurde. Einer von ihnen war Bruno Schulz, Einwohner eines verschlafenen Städtchens in Galizien, das zuerst zu Polen, dann zu Österreich-Ungarn gehörte und heute Teil der Ukraine ist.

Er war ein kleiner Mann, introvertiert und liebenswürdig, Sohn eines jüdischen Kaufmanns, und führte ein ruhiges, unauffälliges Leben. Die Grausamkeit seiner Zeit und die Blindwütigkeit seiner Folterer ließen von seinem Universum als Dichter und Zeichner mit einer beunruhigenden, visionären Sprache nur einige Zeichnungen und ein außergewöhnliches Buch mit dem Titel *Die Zimtläden* übrig. Der Rest ist Asche.

Die Geschichte, die ich geschrieben habe, mißt sein Leben mit dem ungetreuen Maßstab des Romans, mit den Mitteln der Erfindungskraft und gerade deshalb der Wahrheit entsprechend – auch wenn dies paradox erscheinen mag. Die unvermeidlichen Ungenauigkeiten und Verwischungen sind das Ergebnis dieser imaginären, aber zugleich realen Vermessung, denn während ich die Geschichte niederschrieb, habe ich sie selbst gelebt. Und daher gehört sie mir.

Mein besonderer Dank gilt Herrn Professor Bruno

Di Porto, der mir sehr geholfen hat, sowie Sonia Geri und Elio Tiralongo, die vieles für mich recherchiert haben.

Unendlich dankbar bin ich Caterina Savant und Giovanni Crosetto. Und dem Meer von Ventimiglia, das sich vor ihrem Haus ausbreitet.

U. R.